Der Weg zur Deckungs-beitragsrechnung

Praxisnah und leicht verständlich

von Dr. Günther Riedel

Verlag des Schweizerischen
Kaufmännischen Vereins, Zürich

SKV-Taschenbuch Nr. 37

Lizenzausgabe für die Schweiz

Druck: Genossenschaftsdruckerei, Zürich
Einband: Grossbuchbinderei Hch. Weber AG, Winterthur
Umschlaggrafik: August Bingesser, Egg

Inhaltsverzeichnis

Vorwort

Die technische Entwicklung führt dazu, dass die Fertigungsverfahren immer mehr Kapital binden. Dadurch steigt der Teil der Kosten, der innerhalb gewisser Grenzen unabhängig von der Kapazitätsauslastung anfällt, während umgekehrt der Anteil der vom Produktionsausstoss direkt abhängigen Kosten rückläufig ist. Dieser Wandel in der Kostenstruktur und der durch die Verschmelzung der Märkte und das Wachsen der Produktionskapazitäten härtere Konkurrenzkampf zwingen zu einem Umdenken in der Kostenrechnung. Die konventionelle Vollkostenrechnung taugt allein nicht mehr, wenn es darum geht, dem Unternehmen zu zeigen, durch welche Massnahmen die Produktion an die Marktverhältnisse angepasst werden kann und was zu tun ist, unter den gegebenen Marktverhältnissen den höchstmöglichen Gewinn zu erzielen. Das führte zur Entwicklung der Deckungsbeitragsrechnung, bei der das unterschiedliche Verhalten der Kosten zu Änderungen in der Kapazitätsauslastung berücksichtigt wird.
In der vorliegenden Schrift geht es darum, allgemeinverständlich in den Aufbau der Deckungsbeitragsrechnung einzuführen und ihre Auswertungsmöglichkeiten zu zeigen. Im Mittelpunkt steht dabei immer das praktische Beispiel. Dabei wird weitgehend mit gerundeten Zahlen und mit vielen Vereinfachungen gearbeitet, was zur Erleichterung des Verständnisses dienen soll. Auf Währungsangaben wurde bewusst verzichtet, um die «bilaterale» Lesbarkeit zu erleichtern.

A. Von der Vollkostenrechnung zur Rechnung mit Grenzkosten und Deckungsbeiträgen

I. Entstehung und Entwicklung der Vollkostenrechnung

1. Wesen der Vollkostenrechnung

Das älteste und einfachste Kostenrechnungssystem ist die Vollkostenrechnung. Die Kosten einer Abrechnungsperiode werden dabei nach Kostenarten, Kostenstellen und Kostenträgern unterteilt erfasst. Ziel dieser Rechnung ist es, *alle* Kosten der Abrechnungsperiode (Istkosten) auf die erzeugten Leistungen, die Kostenträger, zu verteilen. Die für die Kostenträger direkt erfassbaren Kosten, zu denen meist Fertigungsmaterial und Fertigungslohn zählen, werden den Kostenträgern direkt zugerechnet, während die auf Kostenstellen erfassten Gemeinkosten ihnen durch Schlüsselung indirekt zugeteilt werden.
Die Erfassung der Fertigungseinzelkosten und ihre Verrechnung auf Kostenträger lässt sich entsprechend der Kostenverursachung einwandfrei durchführen. Problematisch ist dagegen die Verteilung der Gemeinkosten auf Kostenträger, weil im Rahmen der Vollkostenrechnung keine Unterteilung der Kosten in solche, die von der Leistung (Grenzkosten) und solche, die von der Betriebsbereitschaft (Fixkosten) abhängig sind, durchgeführt wird. Die Abrechnungsergebnisse der Vollkostenrechnung erwecken den Eindruck, als wären sämtliche auf einen Kostenträger verteilten Kosten auch durch den Kostenträger verursacht worden.
Sinkt die Produktion, so steigen die Kosten je Produktionseinheit, weil die Fixkosten, die Kosten der Betriebsbereitschaft, nicht entsprechend abgebaut werden können. Steigt die Produktion, verhält es sich umgekehrt.
Hauptzweck einer solchen einfachen Rechnung – einer Istkosten-

rechnung – war die Beantwortung der Frage, was die Herstellung der Erzeugnisse in der Abrechnungsperiode tatsächlich gekostet hat.

2. Ist- und Plankostenrechnung

Die Istkostenrechnung ist in gewissen Stufen zur Plankostenrechnung weiterentwickelt worden. Das geschah einmal dadurch, dass für von aussen bezogene Güter und Leistungen Festpreise in der Abrechnung angesetzt wurden. Bei Verwendung von Festpreisen treten Preisabweichungen auf, mit denen gewisse Kontrollfunktionen wahrgenommen werden können. Zum andern ging man zur Festlegung von Verrechnungspreisen für selbsterstellte Leistungen über, wodurch die Kontrolle erweitert wird. Als weiterer Schritt ist die Einführung von Normalgemeinkosten zu nennen, die allerdings auch unter abrechnungstechnischen Gesichtspunkten zu sehen ist. Durch die Verwendung von Normalgemeinkosten ist es möglich, die Abrechnung unter bestimmten Voraussetzungen kurzfristiger durchzuführen. An diesen Schritten wird deutlich, dass der Übergang von der Istkostenrechnung zur Plankostenrechnung fliessend ist.

3. Möglichkeiten der Vollkostenrechnung

Die grundsätzlichen Möglichkeiten der Vollkostenrechnung sind schon seit Jahrzehnten bekannt. Dass die Vollkostenrechnung so viele Jahre in der Praxis ihre Alleinherrschaft behaupten konnte, erklärt sich vor allem aus der staatlichen Reglementierung der Kostenrechnungsrichtlinien, in denen die Vollkostenrechnung vorgeschrieben war. Die Preisfindung war einfach; den kalkulierten Kosten wurde ein kalkulatorischer Gewinn zugeschlagen. Ein solches System kann natürlich nur funktionieren, wenn die Nachfrage grösser als das Angebot ist. In den letzten Jahren hat sich die wirtschaftliche Lage grundsätzlich geändert. Der durch die Verschmelzung der Märkte und das Wachsen der Produktionskapazitäten härtere Konkurrenzkampf zwingt zu schärferem Kalkulieren. Die Kostenrechnung «bestimmt» nicht mehr den Preis, sie hat vielmehr zu prüfen, wie bei den vom Markt gebotenen Erlösen gewinngünstig produziert werden kann. Das ist mit der konventionellen Vollkostenrechnung allein nicht mehr möglich.

Bei dem Streit um das zweckmässigste Kostenrechnungssystem wird häufig übersehen, dass die Kostenrechnung für die verschiedenen Abrechnungszwecke nur Unterlagen liefert, die Entscheidungshilfen darstellen. Bei der Forderung, einen Preis zur Deckung aller Kosten und Erzielung angemessenen Gewinnes zu ermitteln, handelt es sich z. B. um eine Rechnung, die bei der Preispolitik zu berücksichtigen ist, die aber selbst gar nichts mit Preispolitik zu tun hat.

Das Beispiel wurde angeführt, weil von Vertretern der Teilkostenrechnung als Argument für die ausschliessliche Berechtigung ihres Abrechnungssystems bisweilen angeführt wird, dass man mit der Vollkostenrechnung keine Preisforderung ermitteln könne, da mit diesem Abrechnungssystem Beschäftigungsschwankungen nicht berücksichtigt werden und man dadurch zu falschen Preisforderungen kommt. Die Kritik, dass Beschäftigungsschwankungen bei der Vollkostenrechnung nicht ausreichend berücksichtigt werden, ist berechtigt. Aber selbst wenn man das tut, kommt man noch nicht zur Preisforderung, sondern nur zu einer dazu nötigen Unterlage, weil die Preisforderung eine preispolitische Angelegenheit ist, bei der nicht nur Faktoren zu berücksichtigen sind, die ihren Niederschlag in den gegenwärtigen Grenz- und Fixkosten finden und damit nicht von der Kostenrechnung entschieden werden.

Mit den Abrechnungsergebnissen der Kostenrechnung verhält es sich nämlich ähnlich wie mit den Auskünften eines Computers, die nur Entscheidungshilfen sind, aber die Entscheidung nicht abnehmen.

II. Entstehung und Bedeutung der Grenzkostenrechnung

1. Wesen der Grenzkostenrechnung

Im Laufe der Zeit wurde erkannt, dass sich mit der Vollkostenrechnung eine ganze Reihe von Fragen wegen der fehlenden Trennung der Kosten in ihre fixen und proportionalen Bestandteile nicht beantworten lässt. Das führte zur Entwicklung der Grenzkostenrechnung, die auch unter der Bezeichnung Direct Costing bekannt geworden ist.

Bei diesem Kostenrechnungssystem werden die anfallenden Kosten zunächst wie bei der Vollkostenrechnung nach Kostenstellen erfasst. Auf den Kostenstellen erfolgt eine Auflösung der Vollkosten in ihre fixen und proportionalen Bestandteile. Bei der Weiterverrechnung der Kosten von den Kostenstellen auf Kostenträger werden nur die proportionalen Kosten (Grenzkosten) berücksichtigt.

Die Begriffe proportionale Kosten, variable Kosten und Grenzkosten werden meist synonym gebraucht. Es sind die Kosten, die sich zu Änderungen der Leistung proportional verhalten. Typische Beispiele sind Rohstoffeinsatz, Energieverbrauch, Provisionen und Stücklizenzen. Häufig ist die Proportionalität der Kosten nur innerhalb eines begrenzten Leistungsbereichs, z.B. 60–100% der Anlagenauslastung, gegeben.

In der Ergebnisrechnung werden von den Erlösen je Kostenträger die dazu gehörigen Grenzkosten abgesetzt. Was übrigbleibt, sind die Deckungsbeiträge. Die zunächst auf den Kostenstellen verbliebenen Fixkosten werden von der Summe aller Deckungsbeiträge abgezogen. Was verbleibt, ist der Gewinn.

Es wurde bereits darauf hingewiesen, dass anstelle von Grenzkostenrechnungen auch von Direct Costing gesprochen wird. Die «direct costs» umfassen dabei nicht nur die direkt zurechenbaren Einzelkosten. Gemeint sind vielmehr alle Kosten, die sich zur Produktionsleistung proportional verhalten, also Grenzkosten.

2. Bedeutung der Grenzkostenrechnung

a) Kostenkontrolle

Bei der Kostenkontrolle kommt der Frage, ob die angefallenen Kosten vom Kostenstellenleiter beeinflusst werden können (vorwiegend Grenzkosten) oder nicht (vorwiegend fixe Kosten) besondere Bedeutung zu. Die Grenzkostenrechnung ermöglicht durch die Auflösung der Kosten in ihre fixen und proportionalen Anteile gegenüber der Vollkostenrechnung eine wesentlich aussagekräftigere Kostenkontrolle.

b) Wahl des Fertigungsverfahrens

Bei der Bestimmung des kostengünstigsten Fertigungsverfahrens muss die Kostenrechnung zeigen, welche Kosten bei verschiedenen Anlagen für den gleichen Arbeitsgang oder das gleiche Erzeugnis entstehen. Häufig fallen bei den modernen Anlagen, für deren Bedienung wenig Arbeitszeit erforderlich ist, relativ hohe fixe Kosten an. Die fixen Kosten entstehen aber unabhängig davon, ob diese Anlagen laufen oder nicht. Die Wahl des kostengünstigsten Fertigungsverfahrens kann deshalb nur getroffen werden, wenn man die Grenzkosten verschiedener Maschinen für den gleichen Arbeitsgang miteinander vergleicht.

c) Bestimmung der Preisuntergrenze und des Preises für Zusatzaufträge

In ungünstigen Markt- und Konkurrenzsituationen kann es erforderlich sein, dass der Betrieb vorübergehend auf die Deckung der fixen Kosten oder zumindest eines Teiles davon verzichten muss. Die Grenzkosten geben für diese Fälle die von der Kostenseite vorübergehend vertretbare Preisuntergrenze an.
Bisweilen besteht die Möglichkeit, die Kapazität durch Zusatzaufträge, für die aber nicht der Erlös wie für die anderen Aufträge erreicht wird, besser auszulasten. Hier zeigt der Deckungsbeitrag – die Differenz zwischen erzielbarem Erlös und Grenzkosten –, wie sich das Betriebsergebnis durch Hereinnahme des Zusatzauftrages verbessert.

d) Gewinnoptimierung durch Bestimmung des gewinngünstigsten Sortiments

Um festzustellen, in welchem Masse die verschiedenen Erzeugnisse zum Gewinn beitragen, muss man ihre Deckungsbeiträge ermitteln. Die Rechnung Erlös ⁒ Vollkosten = Gewinn je Erzeugnis führt nicht zum richtigen Ergebnis, weil die Erzeugnisse mit einem hohen Fixkostenanteil – der aber von der Produktion unabhängig ist – bei dieser Auswahl zu Unrecht hintenanstehen würden.
Treten in der Fertigung Engpässe auf, dann sind unter dem Gesichtspunkt der Gewinnoptimierung *die* Erzeugnisse vorzuziehen, die den höchsten Deckungsbeitrag erbringen. Die Deckungsbeiträge der einzelnen Erzeugnisse werden auf die Zeit- oder Leistungseinheiten des Engpasses – z. B. auf die Anlagenstunde – bezogen. Die Reihenfolge für die Hereinnahme von Aufträgen bestimmt sich dann durch die Höhe des Deckungsbeitrages je Anlagenstunde.

3. Ergänzung der Grenzkostenrechnung durch die Fixkostendeckungsrechnung

Bei der Entwicklung der reinen Grenzkostenrechnung wurde – bildlich gesprochen – etwas zuviel des Guten getan. Es ist zwar richtig, dass für eine ganze Reihe von Rechnungszwecken nur Grenzkosten interessieren und die Kenntnis der Fixkosten relativ unwichtig ist. Das gilt aber nicht für alle Rechnungszwecke. Grenzen sind der ausschliesslichen Anwendung der Grenzkostenrechnung deshalb überall dort gesteckt, wo zur Lösung der der Kostenrechnung gestellten Aufgaben Vollkosten benötigt werden. Das gilt insbesondere für die Ermittlung der Preisforderung zur vollen Kostendeckung und für die Bewertung der Bestände in der Bilanz. Gefährlich ist das ausschliessliche Rechnen mit Grenzkosten dann, wenn nicht laufend der Deckungsbedarf für die Fixkosten ausgewiesen und verfolgt wird. Diese Mängel werden durch Fixkostendeckungsrechnung beseitigt (vergleiche S. 51 ff.).

B. Die Ermittlung von Grenzkosten

I. Die Kosten in ihrer Abhängigkeit von der Beschäftigung

1. Gruppierung

Vergleicht man die Veränderung der Kosten mit der Veränderung der Beschäftigung, so lassen sich, wie schon deutlich wurde, die Kosten zwei Gruppen zuordnen. Die eine Gruppe umfasst die Kosten, die sich im gleichen Verhältnis wie die Beschäftigung ändert, während zur anderen Gruppe die Kosten gehören, die von Beschäftigungsänderungen unberührt bleiben. Die Kosten der ersten Gruppe werden häufig als *proportionale Kosten* bezeichnet. Zu dieser Gruppe gehören meist die Kosten des Fertigungsmaterials; aber auch Fertigungslohn und Energieverbrauch können sich proportional zu Änderungen der Beschäftigung verhalten. Anstelle von proportionalen Kosten wird in den folgenden Ausführungen immer von *Grenzkosten* die Rede sein. Mit dieser Bezeichnung soll zum Ausdruck kommen, dass es sich um die zusätzlichen oder wegfallenden Kosten handelt, die mit einer zusätzlichen oder wegfallenden Produktionsschicht verbunden sind.

Die Kosten der zweiten Gruppe, die von Beschäftigungsänderungen nicht tangiert werden, sind die *fixen Kosten.* Eigentlich müssten sie beschäftigungsfixe Kosten genannt werden, weil für sie typisch ist, dass sie von der Beschäftigung innerhalb gewisser Grenzen unabhängig sind. Dieser Hinweis ist erforderlich, weil bisweilen auch von den fixen Kosten eines Auftrages oder eines Loses gesprochen wird, was mit dem hier verwendeten Fixkostenbegriff nichts gemein hat.

2. Besonderheiten fixer Kosten

Anstelle von fixen Kosten spricht man gelegentlich auch von kalenderzeitabhängigen Kosten, weil ein grosser Teil dieser Kosten, wie Gehälter, Mieten und Abschreibungen, sich in ihrem Anfall proportional zur Kalenderzeit verhalten. Die Bezeichnung «kalenderzeitabhängige Kosten» ist allerdings insofern nicht treffend, als es auch Fixkosten gibt, die zeitlich unregelmässig anfallen, was z.B. für Urlaubslohn, Jahresvergütungen und Reparaturkosten gilt. Aussagekräftiger sind dagegen die Bezeichnungen *«Kosten der Kapazität»* und *«Bereitschaftskosten»,* weil es die Kapazitäten sind, die diese Kosten bedingen.
Wie schon angeführt, soll das Attribut «fix» nur zum Ausdruck bringen, dass es Kosten sind, die von der Beschäftigung unabhängig sind, in ihrer Höhe müssen diese Kosten dagegen keineswegs fix sein. Änderungen in den Kapazitäten des Betriebes und in den Bewertungssätzen für die hinter den fixen Kosten stehenden Produktionsfaktoren haben Änderungen der fixen Kosten zur Folge.

Beispiel:
Dem Leiter einer Abteilung unterstehen 3 Meister, und jede Meisterschaft umfasst 20 Arbeiter, die im Zeitlohn beschäftigt sind. Jeder Arbeiter kann monatlich 10 Einheiten produzieren. Die Abteilung hat also eine Kapazität von 600 Einheiten. Solange sich die Beschäftigung dieser Abteilung zwischen 591 und 600 Einheiten im Monat bewegt, sind alle Lohn- und Gehaltskosten der erwähnten Beschäftigten fixe Kosten. Sinkt die Beschäftigung der Abteilung auf 590 Einheiten je Monat, kann ein Arbeiter eingespart werden. Bei diesem «Beschäftigungssprung» nach unten gehen also die fixen Kosten um den Lohn eines Arbeiters zurück. Um das Gehalt eines Meisters verringern sich die fixen Kosten erst, wenn die Beschäftigung um 200 Einheiten je Monat sinkt und durch Einsparung von 20 Arbeitern seine Funktion überflüssig wird. Der Abteilungsleiter ist theoretisch so lange erforderlich, als überhaupt noch produziert wird.
Aus diesem Beispiel wird deutlich, dass die Intervallbreite für die einzelnen die fixen Kosten bestimmenden Faktoren unterschiedlich gross ist.
Ob Kosten von der Beschäftigung unabhängig sind oder nicht, hängt auch vom Betrachtungszeitraum ab. Geht beispielsweise im

angeführten Beispiel die Beschäftigung für eine Woche so zurück, dass 7 Arbeiter freigesetzt werden, so zählt der Lohn dieser Arbeiter dennoch zu den fixen Kosten, weil sie nicht so kurzfristig entlassen werden können. Umgekehrt ist es langfristig möglich, auch die Kapazität der Beschäftigung anzupassen und damit die Fixkosten im Sinne der Beschäftigung zu verändern. In der Regel wählt man Betrachtungszeiträume von einem Jahr. Spezielle Entscheidungen können natürlich auch kürzere oder längere Betrachtungszeiträume erforderlich machen.
Ursache dafür, dass die fixen Kosten von der Beschäftigung in gewissen Grenzen unabhängig sind, sind

1. die Unteilbarkeit der Kapazitäten,
2. betriebspolitische Entscheidungen und
3. gesetzliche Vorschriften und vertragliche Bindungen.

Zu 1. Die einmal vorhandenen Kapazitäten lassen sich nicht in beliebig kleinen Mengen einsetzen. Eine Kesselanlage, die für die Produktion von 10 t/h Dampf je Stunde bestimmt ist, muss auch eingesetzt werden, wenn nur 6 t/h Dampf benötigt werden. Umgekehrt verhält es sich bei Produktionsausweitung. Steigt der Dampfverbrauch über 10 t/h, ist man gezwungen, einen zusätzlichen Dampfkessel zu installieren. Weil es wirtschaftlich nicht sinnvoll ist, für jede einzelne kleine Zuwachsrate eine Erweiterungsinvestition durchzuführen, wird man sich bei der Erweiterung an dem künftigen Bedarf orientieren. Durch die Erweiterungsinvestition entstehen fixe Kosten in ganz bestimmter Höhe. Wird die neu geschaffene Kapazität nicht voll genutzt, fallen Kosten infolge ungenutzter Kapazität an, die wegen der Unteilbarkeit der Kapazität unvermeidbar sind. Ähnlich verhält es sich mit den dispositiven Funktionen des Betriebes, wie Produktionsleistung, Beschaffung, Planung u. a.
Zu 2. Um eine betriebspolitische Entscheidung, die zu fixen Kosten führt, handelt es sich beispielsweise bei dem Entschluss, trotz rückläufiger Produktion einen möglichen Kapazitätsabbau nicht vorzunehmen, weil in absehbarer Zeit eine Neubelebung des Marktes erwartet wird. Die damit verbundenen Kosten infolge nicht genutzter Kapazität sind im Gegensatz zum vorhergehenden Beispiel vermeidbar.
Zu 3. Gesetzliche Vorschriften und vertragliche Bindungen führen zu Kosten, die von der Beschäftigung in bestimmten Grenzen unabhängig sind, wenn z. B. ein Abbau der Kapazitäten technisch möglich und betriebspolitisch erwünscht ist, aber z. B. wegen

Kündigungsschutz oder Abnahmeverpflichtungen nicht durgeführt werden darf.

II. Die Ermittlung von Grenz- und Fixkosten für Kostenstellen

1. Verfahren der Kostenauflösung

a) Verfahrenswege

In der Kostenrechnung werden die Kosten zunächst nicht als Fix- oder Grenzkosten, sondern als Vollkosten erfasst. Das Rechnen mit fixen und Grenzkosten setzt die Spaltung der Vollkosten in ihre fixen und proportionalen Bestandteile voraus. Diese Spaltung wird als Kostenauflösung bezeichnet.
Die Kostenauflösung wird je Kostenart und je Kostenstelle gesondert vorgenommen. Das erscheint zunächst umständlich und aufwendig, ist aber für die Ermittlung aussagekräftiger Ergebnisse unerlässlich, weil sonst nicht berücksichtigt werden kann, dass

1. die einzelnen Kostenstellen in ihrer Kapazität meist unterschiedlich ausgelastet werden,
2. für die einzelnen Kostenstellen häufig unterschiedliche Kapazitätsmassstäbe gelten (z. B. Stunden, Tonnen, Mengen),
3. oft verschiedene Produkte in wechselnder Zusammensetzung hergestellt werden und
4. die gleiche Kostenart in verschiedenen Kostenstellen unterschiedliches Verhalten gegenüber Beschäftigungsänderungen zeigen kann.

Die Verfahren der Kostenauflösung können je nachdem, ob die Istkosten vergangener Abrechnungszeiträume oder geplante Kosten zugrundegelegt werden, in statistische Verfahren und das Verfahren der planmässigen Kostenauflösung unterteilt werden.

b) Statistische Verfahren

Die buchtechnische Kostenauflösung
Die buchtechnische Kostenauflösung ist das wohl älteste Verfahren für die Kostenspaltung. Dabei werden die einzelnen Kostenarten aufgrund der Erfahrungen der Vergangenheit entweder als proportional oder fix eingestuft. Den Materialeinsatz zählt man danach zu den proportionalen, die Abschreibungen zu den fixen Kosten. Bei Mischkosten, die sich sowohl aus proportionalen als auch aus fixen Bestandteilen zusammensetzen, wie etwa der Verbrauch an Elektroenergie (proportionale Antriebs- und fixe Beleuchtungsenergie), zählt man die betreffende Kostenart meist zu der Gruppe, zu der ihr überwiegender Anteil gehört. Energiekosten werden danach gewöhnlich zu den proportionalen Kosten gezählt, während man Reparaturkosten unter den fixen Kosten ausweist.
Die buchtechnische Kostenauflösung ist ein grobes Verfahren, das nicht die mehr oder weniger variablen Kosten in ihre fixen und proportionalen Bestandteile auflöst, sondern nur ein Entweder/Oder kennt. Im eigentlichen Sinne des Wortes ist es kein Verfahren der Kostenauflösung, sondern ein Verfahren der Kostenzuteilung. Wegen seiner einfachen Handhabung wird bei der Einführung der Deckungsbeitragsrechnung auch heute noch mit diesem Verfahren gearbeitet. Hat der Betrieb genügend Erfahrungen bei der Abrechnung gesammelt, wird das buchtechnische durch andere, verfeinerte Verfahren abgelöst.

Die mathematische Kostenauflösung
Zur Erläuterung des Verfahrens der mathematischen Kostenauflösung sei noch einmal auf den Begriff der Grenzkosten hingewiesen: Es sind die Kosten, die dadurch entstehen, dass gegenüber dem bisherigen Zustand mehr produziert wird. Bei der mathematischen Kostenauflösung werden deshalb die durch die Produktionsausweitung zusätzlich entstandenen Kosten auf die zusätzliche Produktion bezogen. Dazu werden zunächst zwei Zeiträume mit möglichst stark variierenden Beschäftigungen ausgesucht. Dann bildet man die Kostendifferenz und dividiert sie durch die Produktionsdifferenz. Das Ergebnis sind die Grenzkosten je Produktionseinheit.
Die Verwischung des Ergebnisses durch den Einfluss schwankender Preise kann dadurch ausgeschlossen werden, dass man Kosten in Mengen rechnet. Die durch diese Rechnung erhaltene

Grenzmenge muss noch mit den künftig zu erwartenden Kosten bewertet werden, um zu den Grenzkosten zu führen.

Beispiel:

Zeitraum	Produktion in t	Dampfverbrauch in t
Mai	500	1400
September	800	2000

$$\frac{\text{Kosten-/Mengendifferenz}}{\text{Beschäftigungsdifferenz}} \quad \frac{2000-1400}{800-500} = \frac{600}{300} = 2 \text{ t Dampf/t Produktion}$$

Zunächst sieht es so aus, als könne man mit dem mathematischen Verfahren die Grenzkosten genau bestimmen. Bei der praktischen Arbeit erkennt man jedoch bald, dass die Höhe der errechneten Grenzkosten von den für die Ermittlung ausgewählten Beschäftigungs- und Kostenunterschieden abhängt.
Für die Ermittlung im obigen Beispiel waren zwei Abrechnungszeiträume mit stark variierenden Beschäftigungen ausgesucht worden. Andere Ergebnisse werden errechnet, wenn auch der in der Beschäftigung dazwischen liegende Abrechnungsmonat April berücksichtigt wird.

Beispiel:

Zeitraum	Produktion in t	Dampfverbrauch in t
Mai	500	1400
April	600	1650
September	800	2000

$$\text{April/Mai} \quad \frac{1650-1400}{100} = \frac{250}{100} = 2{,}50 \text{ t Dampf/t Produktion}$$

$$\text{Sept./April} \quad \frac{2000-1650}{800-600} = \frac{350}{200} = 1{,}75 \text{ t Dampf/t Produktion}$$

$$\text{Sept./Mai} \quad \frac{2000-1400}{800-500} = \frac{600}{300} = 2{,}00 \text{ t Dampf/t Produktion}$$

Der einzelne Monat kann Zufälligkeiten aufweisen, weshalb es

zweckmässig ist, grössere Abrechnungszeiträume zu untersuchen. Wird der Rechnung die grössere Beschäftigungsspanne zugrundegelegt (im Beispiel sind es die Monate September und Mai), so kommt man zum ausgewogeneren Ergebnis.
Bisweilen sind die Kosten eines Abrechnungszeitraumes durch abrechnungstechnische Zufälle zu hoch oder zu niedrig. Es ist z.B. möglich, dass einige Rechnungen noch nicht eingegangen und deshalb auch in den Kosten des betreffenden Monats nicht berücksichtigt sind, oder dass infolge von Feiertagen die Energieablesungen um Tage verschoben wurden und deshalb der Energieverbrauch des betreffenden Monats nicht richtig ausgewiesen wurde. Bevor Monatswerte zur mathematischen Kostenauflösung herangezogen werden, ist es deshalb erforderlich, sie auf solche Zufälligkeiten hin zu untersuchen und gegebenenfalls zu korrigieren.

Die graphische Kostenauflösung
Bei der graphischen Kostenauflösung werden die bei verschiedenen Beschäftigungen angefallenen Kosten in ein Koordinatensystem eingetragen. Es ist günstig, wenn Angaben über recht unterschiedliche Beschäftigungen vorliegen. Durch die eingetragenen Punkte wird eine Gerade gezogen. Der Schnittpunkt der Geraden mit der Ordinate zeigt den Fixkostenanteil. Es ist natürlich auch möglich, wenn auch weniger einfach, durch eine mathematische Trendberechnung die Gerade zu bestimmen. Auch bei diesem Verfahren werden die Kosten/Beschäftigungs-Wertepaare den Abrechnungsunterlagen vergangener Zeiträume entnommen.

Abb.1

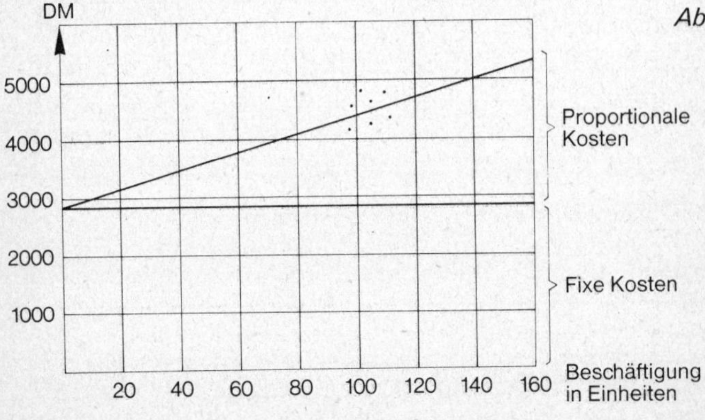

Im Prinzip wird bei der graphischen Kostenauflösung von den gleichen Überlegungen ausgegangen wie bei der mathematischen Kostenauflösung. Der Unterschied besteht nur darin, dass mehr Kosten/Beschäftigungs-Wertepaare berücksichtigt werden. Auch bei Anwendung dieses Verfahrens sollten die für die Kostenauflösung bestimmten Monatskosten um zufällige Einflüsse korrigiert werden.

Die Kostenauflösung durch Schätzen
Schon aus der Bezeichnung geht hervor, worum es sich bei der Kostenauflösung durch Schätzen handelt. Auf dieses Verfahren ist man vor allem bei den Kostenarten angewiesen, die unregelmässig anfallen und deren Höhe sich bei Anfall in keine sinnvolle Beziehung zur Beschäftigung bringen lässt. Das gilt insbesondere für die Reparaturkosten, deren Anfall sich meist reziprok zur Produktion verhält. Wird viel produziert, kann nicht oder nur wenig repariert werden und umgekehrt. Sowohl die mathematische als auch die graphische Kostenauflösung würde in diesem Fall zu falschen Aussagen führen. Hier muss der Techniker schätzen, welcher Teil der Reparaturkosten von der Beschäftigung unabhängig ist und welcher durch die Benutzung der Maschinen und Anlagen entsteht.
Es sei noch auf eine in diesem Zusammenhang oft falsch geführte Argumentation hingewiesen. Bei der Frage, wieviel Prozent der Reparaturkosten sich proportional zur Beschäftigung verhalten, wird nicht selten geantwortet, dass es 100% seien, weil bei Einstellung der Produktion auch keine Reparaturen mehr anfallen. Diese Antwort ist deshalb nicht richtig, weil es nicht um Produktion oder Nichtproduktion geht, sondern um die Frage, welche Veränderungen bei den Reparaturkosten entstehen, wenn die bereits bestehende Produktion um einige Einheiten ausgeweitet oder vermindert wird.

c) Die planmässige Kostenauflösung

Die planmässige Kostenauflösung ist ein Verfahren, das im Zusammenhang mit der Kostenplanung durchgeführt wird. Dabei werden auch die Überlegungen, die der mathematischen und graphischen Kostenauflösung zugrundeliegen, mitgenutzt. Für jede Kostenstelle wird zunächst die Planbeschäftigung festgelegt, die als Planbezugsgrösse ausgedrückt wird. Planbezugsgrössen können sein:

die geplanten Stunden einer Handwerkerabteilung,
die geplanten Maschinenstunden einer Dreherei,
die geplanten Spindelstunden einer Spinnerei oder
die geplanten kWh eines Kraftwerkes.

Bei der Kostenplanung nach Bezugsgrössen wird je Kostenart aufgrund von Berechnungen und dispositiven Entscheidungen festgelegt, wie sich die Kosten bei Veränderung der Planbezugsgrössen verändern sollen. Es muss also bereits bei der Kostenplanung entschieden werden, ob bei Beschäftigungsänderungen eine Änderung des Personaleinsatzes erforderlich ist oder welche Stromkosten wegfallen, wenn die Produktion vermindert wird. Die Kostenplanung legt also je Kostenstelle für jede Kostenart fest, wie sie sich unter Aufrechterhaltung der vollen Betriebsbereitschaft bei Änderungen der Kapazitätsauslastung verändern soll. Die Kosten, die von Änderungen der Kapazitätsauslastung bei Aufrechterhaltung der Betriebsbereitschaft nicht beeinflusst werden sollen, sind fixe Kosten.

Hier wird wieder deutlich, dass die bei der Kostenauflösung ermittelten fixen Kosten nicht absolut fix sind, sondern nur fix bei Aufrechterhaltung der gewählten Betriebsbereitschaft (Kapazitätsauslastung), also beispielsweise der Möglichkeit der Herstellung von 10000 t Dampf, der Leistung von 20000 Maschinenstunden oder der Erzeugung von 1000 t eines Produktes.

Die Kostenauflösung hat nur für die der Kostenplanung zugrundegelegte Planbezugsgrösse (vorgesehene Betriebsbereitschaft bzw. Kapazitätsauslastung) Gültigkeit. Wird von der der ursprünglichen Planung zugrundegelegten Betriebsbereitschaft abgegangen, so ist zur Bestimmung der fixen und proportionalen Kosten eine den neuen Verhältnissen angepasste Kostenauflösung vorzunehmen.

Im Gegensatz zu den bereits behandelten statistischen Verfahren der Kostenauflösung geht es bei der planmässigen Kostenauflösung nicht darum, festzustellen, welche Kostenarten sich in der Vergangenheit fix oder proportional verhalten haben, sondern darum, welche Kosten sich in der Zukunft fix oder proportional verhalten sollen.

d) Die Verwendung von Variatoren

Nach Durchführung der Kostenauflösung ist je Kostenart bekannt, welcher Anteil zu den fixen und welcher zu den proportionalen Kosten zu zählen ist. Es hat sich eingebürgert, den proportionalen Anteil an den Vollkosten mit Hilfe von Variatoren auszudrücken. Der Variator gibt die prozentuale Veränderung der Kosten bei der Beschäftigungsänderung um 10% an. Der Variator 0 zeigt, dass die betreffende Kostenart von Beschäftigungsschwankungen nicht berührt wird, sie ist also eine ausschliesslich fixe Kostenart, wie es z. B. häufig die Abschreibungen sind. Bei Variator 8 wird unterstellt, dass sich von den Kosten 80% proportional zu Beschäftigungsänderungen verhalten, während 20% davon unabhängig sind. Das kann beispielsweise für den Verbrauch an Elektroenergie zutreffen, wenn 80% für Antriebsenergie und 20% für Beleuchtungszwecke benötigt werden. Variator 10 besagt, dass es sich um ausschliesslich proportionale Kosten, wie z. B. das Einsatzmaterial, handelt.
Soll die Kostenauflösung durch Spaltung von Vergangenheitskosten durchgeführt werden (statistische Verfahren der Kostenauflösung), dann wird neben jede Kostenart je Kostenstelle der Variator geschrieben.

Beispiel:

Kostenart	Kostenstelle Dreherei DM/Fr.	Variator	fixe Kosten DM/Fr.	Grenzkosten DM/Fr.
Fertigungslohn	4000	10	–	4000
Hilfslohn	2000	4	1200	800
Abschreibungen	2000	2	1600	400
Zinsen	800	0	800	–

Der Vorteil der Verwendung von Variatoren besteht darin, dass bei Wiederholung der Kostenauflösung mit Vergangenheitskosten die Relation zwischen fixen und Grenzkosten bereits festgelegt ist. Der Einsatz der statistischen Verfahren wird überflüssig und man kann sofort mit der Errechnung der fixen und proportionalen Anteile beginnen. Dieses schematische Rechnen kann aber auch zu Fehlern führen, weil das Verhältnis zwischen fixen und proportionalen Kosten je Kostenart und Kostenstelle durchaus nicht in jedem Abrechnungszeitraum dasselbe sein muss. Sicherere Ergebnisse werden gewonnen, wenn bei jeder neuen Ermittlung von

Grenzkosten das Verhältnis zwischen fixen und proportionalen Bestandteilen neu überdacht wird.
Variatoren können auch bei der planmässigen Kostenauflösung eingesetzt werden. Bei diesem Verfahren ist die praktische Bedeutung der Variatoren aber bereits geringer als bei den statistischen Verfahren der Kostenauflösung, weil nicht nur der Gesamtbetrag je Kostenart und je Kostenstelle geplant wird, sondern auch der fixe und proportionale Anteil an diesem Betrag.

III. Durchführung der Kostenauflösung in Kostenstellen am praktischen Fall

1. Kostenauflösung mit statistischen Verfahren

a) Beschränkung der Kostenauflösung auf Primärkostenstellen

Primärkostenstellen sind solche Kostenstellen, deren Kosten direkt auf Kostenträger verteilt werden. Sie werden gelegentlich auch als Endkostenstellen bezeichnet. Durch Anwendung statistischer Verfahren (siehe S. 19 ff.) sind die einzelnen Kostenarten je Kostenstelle untersucht worden. Das Ergebnis der Untersuchung ist in Variatoren festgehalten worden (siehe S. 24). Diese Variatoren werden nun auf die einzelnen Kostenarten je Kostenstelle angewandt. Dabei sind folgende Regeln zu beachten:

1. Zur Kostenauflösung werden die Werte des Jahres-Betriebsabrechnungsbogens (BAB) herangezogen.
   Die Jahreskosten haben gegenüber den Monatskosten den Vorzug, dass Kostenschwankungen, die z.B. auf unterschiedliche Ablesungszeitpunkte bei Energiekosten und auf vom Verbrauch abweichende Rechnungseingänge für andere Kostenarten zurückzuführen sind, weitgehend ausgeschlossen werden.
2. Es ist zu prüfen, ob die Bezugsgrössen dem Grundsatz der Kostenverursachung hinreichend gerecht werden.
   Die Grenzkostenanteile der Fertigungshauptstellen werden

über die auch bei Vollkostenrechnungen üblichen Verteilungsgrundlagen auf Kostenträger gebracht. Nicht gerade selten werden die einmal verwandten Bezugsgrössen viele Jahre hindurch benutzt, ohne dass man sich zweischenzeitlich einmal Gedanken darüber macht, ob sie unter den jeweils gegebenen Bedingungen noch dem Grundsatz der Kostenverursachung ausreichend gerecht werden. Die Kostenauflösung, die ohnehin zu einem Überdenken der Kostenrechnungsorganisation zwingt, sollte deshalb auch Anlass zur Überprüfung der Bezugsgrössen sein.

3. Zu erwartende Kostensteigerungen sind bei der Kostenauflösung zu berücksichtigen.

   Durch die Deckungsbeitragsrechnung sollen Entscheidungen für die Zukunft gefällt werden. Dazu benötigt man die künftig zu erwartenden Grenzkosten, die aus dem BAB des vergangenen Jahres nicht unmittelbar ableitbar sind. Bevor mit der Kostenauflösung begonnen wird, müssen deshalb die Istkosten des Jahres-BAB auf zu erwartende Kosten umgerechnet werden. Dazu werden die Lohn- und Gehaltskosten um die zu erwartende Steigerung erhöht. Im gleichen Sinne ist mit allen anderen Kostenarten zu verfahren.

Im folgenden Beispiel ist die Kostenauflösung für eine Kostenstelle Bohrwerke dargestellt. Die Vollkosten aus dem zugrundeliegenden Jahres-BAB sind bereits um die zu erwartenden Kostensteigerungen berichtigt worden.

Bei den Lohn- und Gehaltsnebenkosten sind keine Variatoren aufgeführt. Diese Kostenkomplexe verhalten sich überwiegend proportional zu den Löhnen und Gehältern. Die Lohnnebenkosten machen hier 45 % der Löhne und die Gehaltsnebenkosten 27 % der Gehälter aus. Die Lohnnebenkosten sind entsprechend dem Verhältnis aller Löhne in fixe und proportionale Kosten aufgeteilt worden. Da sich die Gehaltskosten hier ausschliesslich fix zur Leistungsschwankung verhalten, sind auch die dazugehörigen Gehaltsnebenkosten ausschliesslich fix angesetzt worden.

Unter den Sekundärkostenstellen sind die durch die Kostenstellenumlage (Auflösung der Sekundärkostenstellen) verrechneten Kosten der Hilfsbetriebe aufgeführt. Da bei dem hier beschriebenen Verfahren die Kostenspaltung nur in den Primärkostenstellen vorgenommen wird, sind die sekundären Kostenarten zu Vollkosten ausgewiesen. Dieses Verfahren ist wohl verhältnismässig einfach, weil die Kostenauflösung in den sekundären Kostenstellen gespart wird. Dafür sind die damit gewonnenen Abrechnungsergebnisse aber auch mit Fehlern behaftet, auf die im nächsten Abschnitt eingegangen wird.

Kostenstelle Bohrwerke Bezugsgrösse: 6500 Maschinenstunden				
Primärkostenarten	Vollkosten	Variator	Grenzkosten	Fixkosten
Fertigungslohn	39000,-	10	39000,-	-
Zusatzlohn	4200,-	10	4200,-	-
Rüstlohn	4000,-	7	2800,-	1200,-
Hilfslohn	5200,-	2	1040,-	4160,-
Lohnnebenkosten (45 %)	23580,-	wie Löhne	21168,-	2412,-
Gehälter	24000,-	0	-	24000,-
Gehaltsnebenkosten	6480,-	wie Gehälter	-	6480,-
Werkzeugkosten	14200,-	8	11360,-	2840,-
Hilfs-/Betriebsst.	3650,-	8	2920,-	730,-
Reparaturmaterial	2400,-	6	1440,-	960,-
Fremdreparaturen	1200,-	6	720,-	480,-
Kalk. Abschreibungen	40000,-	5	20000,-	20000,-
Kalk. Zinsen	18000,-	0	-	18000,-
Steuern, Vers., Gebühren	800,-	0	-	800,-
Sonstige Kosten	1200,-	0	-	1200,-
Sekundärkostenarten				
Eigene Handwerksleistungen	3600,-	6	2160,-	1440,-
Elektroenergie	2600,-	8	2080,-	520,-
Eigene Transportleistungen	3400,-	7	2380,-	1020,-
Raumkosten	5200,-	0	-	5200,-
Kosten übriger Hilfsstellen	5400,-	0	-	5400,-
Summe	208110,-		111268,-	96842,-
Kosten je Bezugsgrösseneinheit	32,02		17,12	14,90

b) Einbeziehung der Sekundärkostenstellen in die Kostenauflösung

Die Aufgabe der Sekundärkostenstellen besteht darin, innerbetriebliche Leistungen zu erzeugen, die den anderen Kostenstellen zur Verfügung gestellt werden. Für den Verbrauch werden die empfangenden Kostenstellen entsprechend der Leistungsinanspruchnahme kostenmässig belastet.
Wird die Kostenauflösung nur in den Primärkostenstellen vorgenommen, dann fallen die so ermittelten Grenzkostenanteile an den

Fertigungsgemeinkosten zu hoch aus, weil in den Fertigungshauptstellen die Kosten der Fertigungshilfsstellen zu Vollkosten ausgewiesen sind. Eine Verfeinerung bei der Ermittlung der Grenzkosten wird dadurch erreicht, dass mit der Kostenauflösung in den sekundären Kostenstellen begonnen wird. Die Leistungsverrechnung der Sekundärkostenstellen erfolgt dann zu Grenzkosten. Bei dem Leistungsempfänger werden diese Grenzkosten wiederum in fixe und proportionale Kosten aufgelöst.

Beispiel:
Für den Transport der gefertigten Erzeugnisse in das Lager sind Elektrokarren der Transportabteilung, die eine Sekundärkostenstelle ist, eingesetzt. Die Inanspruchnahme der Elektrokarren verhält sich zu 80 % proportional zur Menge der abtransportierten Erzeugnisse. Danach sind in der Fertigungsstelle die Kosten dieses Transportes zu 80 % proportional zu setzen.
Der Einsatz des Elektrokarrens wird mit 20,–/Stunde abgerechnet. Dieser Vollkostensatz enthält 6,– Fixkosten. Die Grenzkosten je Elektrokarren-Stunde betragen also 14,–. In der Fertigungsstelle dürfen auch nur 80 % dieser 14,–/Stunde proportional gesetzt werden. Die restlichen 20 % dieser Grenzkosten der Kostenstelle Elektrokarren sind für die empfangende Kostenstelle Fixkosten.
Falls auch die Fixkosten bei der empfangenden Kostenstelle ausgewiesen werden sollen, sind sie für diese in vollem Umfang ebenfalls als Fixkosten zu behandeln.

Die für die Kostenauflösung in der Primärkostenstelle aufgestellten Regeln (siehe S. 25 ff.) gelten in vollem Umfang auch für die Kostenauflösung in den Sekundärkostenstellen.
Zur Vereinfachung können die Sekundärkostenstellen, deren Kosten bei den empfangenden Kostenstellen voll fix gesetzt werden, bei der Kostenauflösung übergangen werden.

Beispiel:
Ein Betriebslaboratorium (Sekundärkostenstelle) führt für die Schwefelsäurefabrik (Primärkostenstelle) Schichtanalysen durch. Die Anzahl der Schichtanalysen wird von Schwankungen der Schwefelsäureproduktion nicht berührt, weshalb sich die Laborkosten in der Schwefelsäurefabrik fix zur erzeugten Schwefelsäure verhalten. Für die einwandfreie Kostenauflösung in der Schwefelsäurefabrik ist es deshalb nicht erforderlich, die Kosten des Be-

triebslaboratoriums im Verhältnis zur Laborstundenzahl in ihre fixen und proportionalen Anteile zu zerlegen, weil in der Schwefelsäurefabrik sowieso alle Laborkosten fix gesetzt werden.

2. Kostenauflösung durch Kostenplanung

a) Das Problem der Lohn- und Gehaltsnebenkosten

Die Kostenplanung ist sowohl für Sekundär- als auch für Primärkostenstellen möglich. Sie kann sich auf alle Kostenarten erstrecken. Einer besonderen Betrachtung bedarf dabei die Ermittlung von Lohn- und Gehaltsnebenkosten, die sowohl Primär- als auch Sekundärkostenstellen angehen können.

Für alle Kostenstellen, in denen Löhne und Gehälter anfallen, sind auch Lohn- und Gehaltsnebenkosten, wie Urlaubs- und Feiertagslöhne und Arbeitgeberanteile zur Sozialversicherung, zu planen. Kostenplanung und Kostenrechnung lassen sich einfacher handhaben, wenn in den Kostenstellen nicht jede einzelne dieser lohn- und gehaltsabhängigen Kostenarten aufgeführt, sondern in den Kostenstellen Global-Lohn- und -Gehaltsnebenkosten ausgewiesen werden.

Ein Teil der hier zu behandelnden Kostenarten fällt stossweise an. Das gilt insbesondere für Löhne bei Urlaub und Krankheit. Es wäre nicht richtig, diese Kostenarten ihrem zeitlichen Anfall entsprechend in die Abrechnung zu übernehmen, weil dann in der Urlaubszeit besonders hohe Urlaubslöhne anfielen, während der Urlaubsanspruch aus dem über das ganze Jahr währenden Arbeitsverhältnis resultiert. Monatlich wird von diesen Kostenarten deshalb nur $1/12$ des jährlich zu erwartenden Anfalls in die Kostenrechnung einbezogen.

Für die Kostenplanung wird zunächst festgestellt, welchen prozentualen Anteil diese Kosten an den Löhnen und Gehältern ausmachen. Liegen die Prozentsätze vor, werden sie zur Planung der Lohn- und Gehaltsnebenkosten aller Kostenstellen verwandt. Die folgende Darstellung soll zeigen, wie der prozentuale Anteil der Lohn- und Gehaltsnebenkosten an den Lohn- und Gehaltskosten ermittelt werden kann.

	Lohnnebenkosten	Gehaltsnebenkosten
Urlaubslohn	357 000,–	–
Bezahlte Ausfallzeiten	45 500,–	–
Lohnausgleich und Lohnfortzahlung	122 500,–	–
Arbeitgeberanteil zur Sozialversicherung	483 000,–	135 600,–
Weihnachtsgratifikation	245 000,–	84 000,–
Berufsgenossenschafts-beitrag	49 000,–	14 400,–
Betriebliche Alters-versorgung	28 000,–	9 600,–
Urlaubsgeld	63 000,–	18 000,–
Jubiläumsgeschenke	3 500,–	1 200,–
Unfallversicherung	3 500,–	1 200,–
Summe	1 400 000,–	264 000,–
Lohn-/Gehaltssumme	3 500 000,–	1 200 000,–
Lohn-/Gehaltsnebenkosten in % der Löhne/Gehälter	40,0	22,0

Zur Planung der Lohn- und Gehaltsnebenkosten werden die je Kostenstelle geplanten Lohn- und Gehaltskosten mit den oben ermittelten Prozentsätzen multipliziert.

	fix	proportional	Summe
Fertigungslohn	–	12 000,–	12 000,–
Hilfslohn	4000,–	2 000,–	6 000,–
Lohnnebenkosten 40 %	1600,–	5 600,–	7 200,–
Gehalt	8000,–	–	8 000,–
Gehaltsnebenkosten 22 %	1760,–	–	1 760,–

Neben den hier aufgeführten Lohn- und Gehaltsnebenkosten, die ihrer Entstehung nach primäre Kostenarten sind, gibt es auch noch solche, die Leistungen sekundärer Kostenstellen (sekundäre Kostenarten) entspringen, wie z. B. Kantine, Werkswohnungen, sanitäre und sonstige Einrichtungen für die soziale Betreuung der Mitarbeiter. Sie wurden hier nicht berücksichtigt, da sich die auf diesen Kostenstellen anfallenden Kosten fix zu den Leistungen der Primärkostenstellen verhalten. Sie gehen also nicht in die Grenzkosten der Erzeugnisse ein. Zur Ermittlung der Vollkosten werden diese Kosten unter den Fixkosten sekundärer Kostenstellen ausgewiesen.

b) Kostenplanung für Sekundärkostenstellen

Problematik der Leistungsverflechtung

Bereits im vorigen Abschnitt – Kostenauflösung mit Hilfe statistischer Verfahren – war deutlich geworden, dass nur dann eine exakte Lösung gefunden wird, wenn auch die sekundären Kostenstellen mit in die Kostenauflösung einbezogen werden. Das gilt natürlich auch für die planmässige Kostenauflösung.

Das bekannte Problem der innerbetrieblichen Leistungsverflechtung, das bei der Kostenstellenumlage auftritt, kompliziert auch die Kostenplanung für die Sekundärkostenstellen. Da die Sekundärkostenstellen ihre Leistungen nicht nur an die Primären weitergeben, sondern auch untereinander leistungsmässig verflochten sind, kann der Kostenplan einer Sekundärkostenstelle erst dann vollständig abgeschlossen werden, wenn für alle in ihr auftretenden Leistungen anderer Sekundärkostenstellen die Kostensätze vorliegen. Zur Planung der Kosten für die Kostenstelle Stromversorgung benötigt man z. B. den Verrechnungssatz für die Schlosserstunde, umgekehrt muss zur Kostenplanung für die Schlosserei der Verrechnungssatz für den Strom bekannt sein.

So schwierig, wie es zunächst erscheint, ist die Lösung des Problems jedoch nicht. Einmal vereinfacht es sich durch Näherungslösungen. Liegt der Stromverrechnungssatz bei der Planung der Schlosserei noch nicht vor, wird er geschätzt. Eine weitere Vereinfachung tritt dadurch ein, dass nicht alle Sekundärkostenstellen leistungsmässig miteinander verflochten sind. Man beginnt deshalb zunächst mit der Planung der Kostenstelle, die am wenigsten Leistungen von anderen Kostenstellen erhält.

Beschränkt man sich bei der Kostenplanung auf die Ermittlung von Grenzkosten, ergibt sich eine weitere Vereinfachung dadurch, dass die Kosten für Leistungen einer Reihe von Sekundärkostenstellen für die empfangenden Kostenstellen Fixkosten sind und deshalb unberücksichtigt bleiben können. Das gilt beispielsweise für die Kostenstellen Grundstücke und Gebäude oder innerbetriebliche Ausbildung. Sollen neben den Grenzkosten auch die Vollkosten je Kostenstelle ermittelt werden, kann man von dieser Vereinfachung natürlich keinen Gebrauch machen.

Beispiel der Sekundärkostenstelle Schlosserei

Die Kosten der Schlosserei werden über die geleisteten Stunden verrechnet. Bei der Kostenauflösung ist festzustellen, wie sich die in der Kostenstelle Schlosserei planmässig zu erwartenden Kosten zur Planbezugsgrösse Schlosserstunden verhalten. Die Planbezugsgrösse[1] ist die für eine Kostenstelle planmässig vorgesehene Leistung.

Zur Bestimmung der Planbezugsgrösse wird von der Stellenbesetzung der Schlosserei ausgegangen. In ihr sind beschäftigt 9 Schlosser, 2 Dreher, 2 Helfer und 1 Meister. Bei der Ermittlung der zu leistenden Stunden bleibt der Meister unberücksichtigt, weil er nur dispositive und überwachende Tätigkeiten ausübt.

[1] Errechnung der Planbezugsgrösse siehe S. 34

Kostenstelle Schlosserei Planbezugsgrösse: 1950 Std.						
Kostenart	Einheit	Geplanter Verbrauch	Geplanter Verrechn. preis	Plankosten		
				fix	proportional	Summe
Fertigungslöhne						
5 Schlosser	Std.	750	5,70	–	4 275,–	4 275,–
4 Schlosser	Std.	600	6,00	–	3 600,–	3 600,–
2 Dreher	Std.	300	6,20	–	1 860,–	1 860,–
Hilfslohn						
2 Helfer	Std.	300	5,40	–	1 620,–	1 620,–
Mehrarbeitslohn					151,–	151,–
Lohnnebenkosten	DM	11 506	0,40		4 602,–	4 602,–
Gehälter						
1 Meister		–	–	1900,–	–	1 900,–
10 % Gehalt für Überstunden				190,–	–	190,–
Gehaltsnebenkosten	DM	1 900		418,–	–	418,–
Strom	kWh	4 300	0,07	–	301,–	301,–
Hilfs- und Betriebsstoffe				120,–	1 080,–	1 200,–
Instandhaltungskosten				64,–	256,–	320,–
Kalk. Abschreibungen				600,–	–	600,–
Kalk. Zinsen 8 % auf ½ Anlagevermögen				333,–	–	333,–
Steuern, Vers., Gebühren				50,–	–	50,–
Raumkosten	m²	160	2,60	416,–	–	416,–
Fixkosten anderer Sekundärkostenstellen				3120,–	–	3 120,–
Summe				7211,–	17 745,–	24 956,–
Kosten je Bezugsgrösseneinheit				3,70	9,10	12,80

Errechnung der monatlichen Arbeitszeit je Arbeiter zur Bestimmung der Planbezugsgrösse	
52 Wochen zu 40 Stunden	= 2080 Stunden
11 bezahlte Feiertage zu 8 Stunden	./. 88 Stunden
	1992 Stunden
./. 6 % Ausfallzeit wegen Krankheit	120 Stunden
./. Ausfallzeit wegen Urlaub 21 Tage zu 8 Stunden	168 Stunden
	1704 Stunden
	: 12 Stunden
Monatliche Arbeitszeit je Arbeiter	142 Stunden

In der Schlosserei können während der tariflichen Arbeitszeit je Handwerker 142 Stunden geleistet werden. Aufgrund der Erfahrungen reicht diese Zeit nicht aus. Insbesondere bei grösseren Reparaturen ist es erforderlich, dass Überstunden geleistet werden. In der Planung ist deshalb die Arbeitszeit je Arbeiter mit 150 Stunden angesetzt. Die Planbezugsgrösse beträgt somit bei 13 Arbeitern 13 × 150 = 1950 Stunden.

Steht die Planung für alle Kostenstellen fest, muss die Zahl der Schlosserstunden auf den einzelnen empfangenden Kostenstellen mit der Planbezugsgrösse identisch sein. Bei geringen Abweichungen ist keine Planänderung erforderlich, da der Ausgleich über Veränderungen bei den Überstunden gefunden werden kann. Abweichungen in den Grenzkosten, die sich aus dem Überstundenzuschlagssatz ergeben, sind meist so gering, dass sie unberücksichtigt bleiben können.

Die Fertigungslöhne verhalten sich zur Planbezugsgrösse ausschliesslich proportional. Die Differenz zwischen den geplanten Stunden je Arbeiter und der tariflichen Arbeitszeit je Arbeiter stellt Überstunden dar, wofür 25 % Überstundenzuschläge zu zahlen sind.

Überstunden-zuschlag	×	Zahl der Überstunden	×	Durchschnittslohn	= Mehrarbeitslohn
0,25		13 (150–142)		5,80	= 150,80

Auch der Mehrarbeitslohn verhält sich proportional zur Planbezugsgrösse.
Beim Strom handelt es sich nur um den für den Betrieb der Maschinen und Geräte erforderlichen Energieverbrauch, der sich zur Stundenleistung proportional verhält. Als Verrechnungspreis sind hier nur die proportionalen Kosten je kWh aufgeführt. Die Fixkosten des Stroms werden unter den Fixkosten sekundärer Kostenstellen ausgewiesen. Der Beleuchtungsstrom wird auf der Raumkostenstelle erfasst und somit in den Raumkosten verrechnet.
Der Meister plant und überwacht den Einsatz der ihm unterstellten Mitarbeiter. Er leistet in diesem Sinne keine Schlosserstunden, weshalb die mit seinem Gehalt verbundenen Kosten ausschliesslich fix geplant werden.
Reparaturmaterial wird nicht der Schlosserei belastet, sondern den Kostenstellen, für die die Reparaturen durchgeführt werden.
Bei den Kosten für Hilfs- und Betriebsstoffe handelt es sich um Kosten für Getriebe-, Bohr- und Maschinenöl, Sauerstoff, Acetylen, Schweissdraht, Kleinmaterial und Reinigungsstoffe. Nur ein geringer Teil dieser Kosten hängt mit der Aufrechterhaltung der Betriebsbereitschaft zusammen, weshalb auch nur 10% fix angesetzt worden sind.
Bei den Instandhaltungskosten ist unterstellt worden, dass sich 20% fix und 80% proportional zur Leistung verhalten.
Abschreibungen, Zinsen auf das Anlagevermögen und Raumkosten sind von der Zahl der zu leistenden Schlosserstunden unabhängig und deshalb ausschliesslich fix angesetzt worden.
Bei den Fixkosten sekundärer Kostenstellen handelt es sich um
a) die Fixkosten der Kostenstellen, deren proportionale Anteile bereits im Kostenstellenplan enthalten sind, wie z.B. Stromkosten,
b) die Vollkosten der Kostenstellen, die sich zur Leistung dieser Kostenstelle insgesamt fix verhalten, wie z.B. die Kosten der Kantine, der sanitären und sozialen Einrichtungen, der Wege und Plätze.

Beispiel der Sekundärkostenstelle Stromversorgung
Bei der Grobplanung ergibt sich, dass der monatliche Stromverbrauch etwa 120000 kWh beträgt. Diese Planbezugsgrösse muss am Ende der Planung noch abgestimmt werden. Geringe Abweichungen können unberücksichtigt bleiben, weil ja auch der tatsächliche Verbrauch vom Planverbrauch abweicht und Schwan-

kungen auf die Höhe der proportionalen Kosten – wie es das Beispiel noch zeigen wird – keinen Einfluss haben.
Der Betrieb bezieht seinen Strom von einem Elektrizitäts-Versorgungsunternehmen. Der Strompreis setzt sich aus einem Leistungspreis und einem Arbeitspreis zusammen. Während der Arbeitspreis von 0,07 für die gelieferten kWh zu zahlen ist, sollen mit dem Leistungspreis in gewissem Sinne die vom Elektrizitäts-Versorgungsunternehmen auf den einzelnen Abnehmer entfallenden fixen Kosten der Strombereitstellung gedeckt werden. Diese Kosten des Elektrizitäts-Versorgungsunternehmens hängen von der Kraftwerkskapazität und den Stromzuführungseinrichtungen ab. Da diese Einrichtungen so ausgelegt sein sollen, dass sie den höchsten Anforderungen der Abnehmer entsprechen können, wird zur Ermittlung des Leistungspreises von der höchsten Inanspruchnahme ausgegangen.
Ausgehend vom letzten Abrechnungsjahr und unter Berücksichtigung der zu erwartenden höchsten Abnahme ist der Leistungspreis für das Jahr mit 43200,– geschätzt worden. Auf den Monat entfallen somit 3600,–. Da der Leistungspreis unabhängig vom tatsächlichen Stromverbrauch zu zahlen ist, wird er bei der Kostenauflösung als fix angesehen. Voll proportional verhält sich dagegen der Arbeitspreis (120000 kWh zu 0,07 = 8400,–).
Die Instandhaltungskosten fallen für die Betriebsbereitschaft des Stromnetzes an. Im Verhältnis zur verbrauchten Strommenge sind es fixe Kosten. Dabei ist zu beachten, dass die Kosten für Schlosser- und Elektrikerstunden nur mit dem proportionalen Anteil dieser Leistungen anzusetzen sind. Die dazugehörigen Fixkostenanteile sind unter der Position «Fixkosten anderer Sekundärkostenstellen» zusammengefasst.
Die kalkulatorischen Abschreibungen und Zinsen beziehen sich auf betriebliche Stromverteilungsanlage und -einrichtungen; sie verhalten sich zum Stromverbrauch fix.

Kostenstelle Stromversorgung Planbezugsgrösse: 120 000 kWh						
Kostenart	Einheit	Geplanter Verbrauch	Geplanter Verrechn. preis	Plankosten		
				fix	proportional	Summe
Strom	kWh	120 000		3600,–	8400,–	12 000,–
Instandhaltungskosten						
Schlosser	Std.	10	9,10	91,–		91,–
Elektriker	Std.	20	10,20	204,–		204,–
Reparaturmaterial				120,–		120,–
Kalk. Abschreibungen				200,–		200,–
Kalk. Zinsen 8 % auf ½ Anlagevermögen				120,–		120,–
Steuern, Vers., Gebühren				60,–		60,–
Fixkosten anderer Sekundärkostenstellen				200,–		200,–
Summe				4595,–	8400,–	12 995,–
Kosten je Bezugsgrösseneinheit				0,04	0,07	0,11

c) Kostenplanung für Primärkostenstellen

Im folgenden Beispiel wird die Kostenplanung für die Fertigungskostenstelle Dreherei behandelt. Die Planungsperiode ist 1 Monat. Die Kostenstelle umfasst 9 in ihrer Leistung und Ausrüstung etwa gleichwertige Drehbänke, die jeweils in 1 Schicht von je 1 Arbeiter bedient werden. Die monatliche Arbeitszeit beträgt 170 Stunden je Arbeitsplatz. Für jeden Arbeitsgang wird die Akkordzeit vorgegeben. Der durchschnittliche Leistungsgrad der Arbeiter liegt bei 120 %.

Bestimmung der Planbezugsgrösse

Die Kostenplanung je Kostenstelle beginnt mit der Festlegung der Planbezugsgrösse. Häufig verwandte Planbezugsgrössen sind die ausgebrachte Leistung, die Maschinenlaufzeit und die Vorgabezeit.

Die Planbezugsgrössen sollen einerseits für die Kalkulation die typischen Produktionsbeiträge der Kostenstelle und andererseits für die Kostenüberwachung die wesentlichsten Kostenverursachungsfaktoren zum Ausdruck bringen. Die Kostenplanung und auch die spätere Abrechnung werden vereinfacht, wenn es gelingt, je Kostenstelle mit nur einer Planbezugsgrösse auszukommen.
Die folgenden Testfragen sollen zeigen, wie eine geeignete Planbezugsgrösse gefunden werden kann.

Bestimmung der Planbezugsgrösse der Kostenstelle Dreherei (siehe S. 40):

Fragen	*Antworten*
1. Welche typischen Produktionsmittel gehören zu dieser Kostenstelle?	9 Drehbänke
2. Was ist der typische Produktionsbeitrag dieser Kostenstelle?	Spanabhebende Verformung von Metallteilen
3. Von welchen Faktoren hängt der grösste Teil der Kosten ab?	Von den Vorgabestunden für Fertigungs- und Rüstzeiten und von der Maschinenlaufzeit
4. Sind Bearbeitungs- und Maschinenstunden homogene Grössen, so dass alle Vorgabestunden und alle Maschinenstunden zu einheitlichen Kostenbeeinflussungsfaktoren zusammengefasst werden können?	Das ist möglich, da es sich um gleichartige Maschinen mit etwa gleichartiger Ausrüstung und gleichem Bedienungsaufwand handelt. Die Rüstzeit macht nur 5 % der Fertigungszeit aus. Da ihr Anteil bei den meisten Arbeitsaufträgen gleich hoch ist, ist es nicht erforderlich, sie als gesonderten Kostenbeeinflussungsfaktor zu berücksichtigen.

5. Wie ist das Bedienungsverhältnis?	Einmaschinenbedienung.
6. Durch welche Bezugsgrössen kann die Leistung ausgedrückt werden?	Durch die Vorgabezeit und durch die Maschinenlaufzeit.
7. Genügt eine Bezugsgrösse, um die typische Leistung der Kostenstelle zum Ausdruck zu bringen?	Bei Einmaschinenbedienung stehen die möglichen Bezugsgrössen Vorgabestunden und Maschinenstunden in einem überwiegend festen Verhältnis. Die beiden Zeiten unterscheiden sich dadurch, dass die der Vorgabezeit zugrunde gelegte Leistung bei Akkord in einer kürzeren Zeit erbracht wird. Für die Kostenplanung genügt eine Bezugsgrösse.
8. Welche der beiden Bezugsgrössen lässt sich einfacher und genauer erfassen?	Für die Lohnermittlung ist ohnehin eine genaue Erfassung der Vorgabezeit erforderlich, während die Maschinenzeit nicht erfasst wird. Die Erfassung der Bezugsgrösse Vorgabezeit ist deshalb mit dem geringeren Arbeitsaufwand verbunden und wegen ihrer Kopplung mit der Lohnabrechnung wird sie auch mit der grösseren Sorgfalt durchgeführt.
9. Wieviel Vorgabestunden umfasst die Planbezugsgrösse Vorgabezeit?	An 9 Arbeitsplätzen wird monatlich 170 Stunden mit einem Leistungsgrad von 120 % (Vorgabezeit) gearbeitet. Die Planbezugsgrösse beträgt 1836 Vorgabestunden.

Kostenstelle Dreherei Planbezugsgrösse: 1836 Vorgabestunden (Fertigungszeit)						
Kostenart	Einheit	Geplanter Verbrauch	Geplanter Verrechn. preis	Plankosten		
				fix	proportional	Summe
Fertigungslohn	Std.	1836	6,00	–	11016,–	11016,–
Zusatzlohn	Std.	55	6,00	–	330,–	330,–
Rüstlohn	Std.	120	6,00	–	720,–	720,–
Hilfslohn	Std.	150	5,40	486,–	324,–	810,–
Lohnnebenkosten	DM	12876	0,40	194,–	4956,–	5150,–
Gehälter 1 Meister 70 %				1390,–	–	1390,–
Gehaltsnebenkosten	DM	1390	0,22	306,–	–	306,–
Werkzeugkosten					1700,–	1700,–
Hilfs-/Betriebsst.				60,–	140,–	200,–
Instandhaltungskosten						
Eigene Reparaturleistungen				60,–	240,–	300,–
Reparaturmaterial				60,–	240,–	300,–
Fremdreparaturen				100,–	400,–	500,–
Elektroenergie	kWh	2304	0,07	–	161,–	161,–
Kalk. Abschreibungen				720,–	1080,–	1800,–
Kalk. Zinsen				360,–	–	360,–
Steuern, Vers., Gebühren				500,–	–	500,–
Fixkosten von Sekundärkostenstellen				3600,–		3600,–
Summe				7836,–	21307,–	29143,–
Kosten je Bezugsgrösseneinheit				4,27	11,60	15,87

Die Planung der einzelnen Kostenarten

Bei der Planung der einzelnen Kostenarten und der Bestimmung ihres fixen und proportionalen Anteils lässt man sich von der Beantwortung folgender Fragen leiten:

1. Welche Kosten dürfen anfallen, um die der Planbezugsgrösse entsprechende Leistung hervorzubringen?
2. Welche Kostenänderung tritt rechnerisch ein, wenn die Planbezugsgrösse angehoben oder gesenkt wird?
3. Welche Kosten dürfen zur Aufrechterhaltung der Betriebsbereitschaft anfallen?

(Diese Frage tritt auf, wenn die Istbezugsgrösse gegenüber der Planbezugsgrösse stark abfällt, aber an einen Kapazitätsabbau bzw. eine Stillegung noch nicht gedacht ist.)

Fertigungslohn

Während in der traditionellen Vollkostenrechnung der Fertigungslohn, soweit er Einzelkosten darstellt, nicht in der Fertigungskostenstelle ausgewiesen wird, bezieht man ihn bei der Kostenplanung und auch bei der darauf beruhenden Abrechnung in die Fertigungskostenstelle mit ein. Wird die geplante Leistung erbracht, dann ist der Fertigungslohn für 1836 Vorgabestunden zu zahlen. Der Stundensatz beträgt 6,–, der Fertigungslohn somit 11 016,–.
Wird die Planbezugsgrösse um 200 Vorgabestunden überschritten, dann muss auch 200 × 6,– = 1200,– Fertigungslohn mehr gezahlt werden. Danach verhält sich der Fertigungslohn in dieser Kostenstelle proportional zur Planbezugsgrösse.
Was geschieht aber, wenn die tatsächliche Auslastung der Kostenstelle unter der geplanten Auslastung liegt, wenn infolge Auftragmangels weniger als 1836 Vorgabestunden gearbeitet wird? Für die Bedienung der Drehbank und damit auch für die zu fertigenden Erzeugnisse fällt bei Rückgang der Vorgabestunden der entsprechende Fertigungslohn weg. So gesehen gehört dieser Fertigungslohn zu den rein proportionalen Kosten. Durch die Planung des Fertigungslohnes als rein proportionale Kosten soll bei Produktionsrückgang signalisiert werden, dass Fertigungslöhner abgegeben werden können. Eine andere Frage ist es, wie die an der Drehbank freigestellten Arbeiter anderweitig im Betrieb eingesetzt werden können.

Zusatzlohn

Bei Anwendung des Akkordlohnsystems ist es grundsätzlich so, dass der Arbeiter die Vorgabezeit unabhängig von der tatsächlich gebrauchten Zeit bezahlt bekommt. Ausnahmen von dieser Regel bestehen dort, wo die Vorgabezeiten ohne Verschulden des Arbeiters überschritten werden. Gründe können sein der Einsatz von nicht vorgesehenem Material (durch andere Eigenschaften längere Bearbeitungszeit), Maschinenstörungen, Störungen im Arbeitsablauf u. a. Für diese Überschreitungen der Vorgabezeiten erhält der Arbeiter Zusatzlohn.
Es lohnt sich meist nicht, den Zusatzlohn für die einzelnen Gründe der Überschreitungen der Vorgabezeiten gesondert zu planen. Er

wird deshalb in einem Prozentsatz vom Fertigungslohn in die Planung einbezogen. Grundsätzlich soll die Vorgabe für Zusatzlohn so niedrig wie möglich gehalten werden, damit starker Anfall als Abweichung sichtbar wird. Im Beispiel ist der Zusatzlohn mit 3 % des Fertigungslohnes angesetzt worden. Er verhält sich wie der Fertigungslohn proportional zur Planbezugsgrösse.

Rüst- und Hilfslohn

Die Rüstzeit ist für die einzelnen Aufträge im Beispiel etwa gleich hoch und macht im Durchschnitt 5 % vom Fertigungslohn aus. Damit verhält sie sich proportional zur Vorgabezeit.

Hilfslöhne werden hier für Reinigungs-, Wartungs- und Transportarbeiten gezahlt. Bei der Planung ist festzustellen, welcher Zeitaufwand für die genannten Arbeiten zur Erreichung der Planbezugsgrösse erforderlich ist. Wegen der geringen Stundenzahl ist im Beispiel keine Unterteilung vorgenommen worden.

Wartung, Reinigung und Transport sind Tätigkeiten, die vor allem der Aufrechterhaltung der Betriebsbereitschaft dienen. Sie sind auch auszuführen, wenn die Produktion rückläufig ist, die Betriebsbereitschaft aber nicht wesentlich eingeschränkt werden soll. Ein Teil der Wartungs-, Reinigungs- und Transportarbeiten verhält sich dagegen proportional zur Bezugsgrösse. Der Hilfslohn setzt sich danach aus fixen und proportionalen Kostenbestandteilen zusammen. Bei der Auflösung dieser Kostenart muss man sich immer wieder fragen, welche Kosten bei Einschränkung der Fertigung noch anfallen dürfen. Im vorliegenden Beispiel sollen es 60 % sein. Der Rest stellt proportionale Kosten dar.

Gehälter

Zur Planung der Gehälter wird festgestellt, wie viele Gehaltsempfänger für die Kostenstelle tätig sind und welches Gehalt je Mitarbeiter gezahlt wird. Im Beispiel ist für die Dreherei nur ein Meister zu 70 % eingesetzt. Für die Kostenstelle werden deshalb auch nur 70 % seines Gehaltes ausgewiesen. Es wird festgestellt, dass bei Beschäftigungsschwankungen bis zu 40 % die Funktion des Meisters nicht berührt werden soll. Der Meister ist also erforderlich, unabhängig davon, ob 4 Dreher mehr oder weniger in der Kostenstelle tätig sind. Unter diesen Voraussetzungen ist das Meistergehalt ausschliesslich fix zu setzen.

Werkzeugkosten

Die in den Fertigungshauptkostenstellen erforderlichen Werkzeuge können in folgende Gruppen eingeteilt werden:

1. Handwerkzeuge für manuelle Arbeitsprozesse,
2. Handwerkzeuge zum Maschineneinrichten,
3. Messwerkzeuge,
4. Maschinenwerkzeuge.

Bei der Planung der Werkzeugkosten ist zu beachten, dass in die Kostenstellenrechnung nur die normalen bzw. die für allgemeine Arbeiten erforderlichen Werkzeuge einbezogen werden. Spezialwerkzeuge, die nur zur Durchführung bestimmter Aufträge erforderlich sind, werden den Aufträgen direkt zugerechnet; sie berühren also die Kostenstellenrechnung nicht.

Wenn die Planung zum erstenmal durchgeführt wird, bereitet es meist noch Schwierigkeiten, die Werkzeugkosten zu bestimmen, weil häufig über den Verbrauch keine Aufzeichnungen vorliegen. Zur Erleichterung der künftigen Planungsarbeit empfiehlt es sich, den Werkzeugverbrauch nach den angeführten Gruppen zu erfassen. Kommen Maschinen mit unterschiedlichem Leistungsvermögen zum Einsatz, dann sollten die Maschinenwerkzeuge auch für die einzelnen Maschinen erfasst werden.

Die Aufteilung des Werkzeugkostenverbrauchs in fixe und proportionale Kosten hängt davon ab, ob der Verbrauch überwiegend durch Zeit-, oder aber durch Gebrauchsverschleiss bedingt ist. Meist ist letzteres der Fall. Dann werden die Werkzeugkosten voll proportional geplant.

Werden die Werkzeuge fremd bezogen, so kommen die Einstandswerte zum Ansatz. Handelt es sich um selbsterstellte Werkzeuge, werden die Herstellkosten angesetzt. Unter den Werkzeugkosten können auch die Kosten für die Instandhaltung der Werkzeuge, wie z. B. Kosten für das Schleifen, angesetzt werden, wenn letztere nicht unter den Reparaturkosten ausgewiesen werden.

Hilfs- und Betriebsstoffkosten

Zu den Hilfs- und Betriebsstoffkosten zählen vor allem die Kosten für Schmier- und Reinigungsmittel, wie Kosten für Öle, Fette, Petroleum, Putzlappen, Handwaschpaste u. a. Meist lohnt es sich nicht, sie detailliert zu planen und abzurechnen. Damit der Verbrauch niedrig gehalten wird, sollte man sich bei der Planung nicht nur am tatsächlichen Verbrauch der Vergangenheit orientieren.

Hilfs- und Betriebsstoffe sind zu einem geringen Teil zur Aufrechterhaltung der Betriebsbereitschaft erforderlich. Im Beispiel wurde der fixe Anteil mit 30 % geschätzt.

Instandhaltungskosten

Die Instandhaltungskosten umfassen die Kosten, die durch die Reparaturleistungen der eigenen Handwerker entstehen, Kosten des Reparaturmaterials und Kosten für von Dritten durchgeführte Reparaturleistungen (Fremdreparaturen). Instandhaltungsarbeiten werden durchgeführt, um die Betriebssicherheit und Betriebsbereitschaft zu gewährleisten. Sie werden bedingt durch Nutzung und Alterung der Maschine. Es gibt Anlagen, bei denen der durch die Nutzung bedingte Instandhaltungsaufwand überwiegt, was vor allem für mechanische Anlagen zutrifft. Bei Anlagen, in denen chemische Reaktionen ablaufen, ist dagegen oft der zeitbedingte Instandhaltungsaufwand grösser. Durch vorübergehende Stillegung kann es sogar so sein, dass vermehrte Korrosionsschäden höheren Instandhaltungsaufwand bedingen.
Der Zusammenhang zwischen Nutzung und Alterung der Maschine und den dadurch bedingten Instandhaltungskosten kommt zeitlich meist nicht richtig zum Ausdruck, weil in den Perioden, in denen viel produziert werden muss, keine Zeit für Instandhaltung gegeben ist. Umgekehrt kann bei umfangreichen Instandhaltungsarbeiten nicht oder nicht voll produziert werden. Hohe Instandhaltungskosten bemerkt man also erst dann, wenn zur Instandhaltung die Produktion vorübergehend eingeschränkt werden muss.
Im vorliegenden Beispiel wird die Instandhaltung in erster Linie durch den Gebrauchsverschleiss der Betriebsmittel ausgelöst (die Instandhaltungskosten für das Gebäude werden auf der Raumkostenstelle erfasst). Ein Teil der Instandhaltung ist aber auch erforderlich, wenn die Beschäftigung zurückgeht, die Betriebsbereitschaft jedoch voll aufrechterhalten werden soll. 20 % der Instandhaltungskosten wurden deshalb den fixen Kosten zugeordnet.
Die eigenen Reparaturleistungen umfassen Leistungen der Schlosserei, der Elektriker- und der allgemeinen Werkstatt. Nach diesen speziellen Leistungen ist bei der Planung nicht differenziert worden, da im voraus nicht bekannt ist, wie sich die Instandhaltungsarbeiten auf diese Gruppen verteilen. Hinzu kommt, dass die eigenen Reparaturleistungen mit den Fremdreparaturen austauschbar sind. Es handelt sich hier also um eine globale Planung.

Kosten für Elektroenergie

Als Elektroenergie wird nur der Stromverbrauch der Drehbänke ausgewiesen. Der Lichtstrom wird unter der Raumkostenstelle erfasst. Der Verbrauch an Elektroenergie lässt sich am einfachsten durch Zähluhren oder Zählschreiber bestimmen, die stichprobenweise eingesetzt werden. Besteht dazu keine Möglichkeit, wird von der installierten Leistung ausgegangen, die auf den Antriebsaggregaten angegeben ist. Erfahrungsgemäss wird die angegebene Nennleistung nicht für die Dauer benötigt. Untersuchungen haben im vorliegenden Beispiel ergeben, dass die durchschnittliche Inanspruchnahme der Nennleistung bei 60% liegt. Bei Servomotoren ist sie oft noch niedriger. Ausserdem ist zu berücksichtigen, dass während der Rüstzeiten meist keine oder nur verhältnismässig wenig Elektroenergie verbraucht wird.

Zur Berechnung des Stromverbrauches werden sämtliche stromverbrauchenden Maschinen unter Angabe der installierten Leistung listenmässig erfasst. Dann wird festgestellt, welche Laufzeit auf die einzelnen Aggregate entfällt. Die Gesamtlaufzeit muss mit der Planbezugsgrösse abgestimmt werden. Hierbei ist zu berücksichtigen, dass die Planbezugsgrösse auf Vorgabestunden basiert, die um 20% über den tatsächlich geleisteten Stunden liegen. Von dieser möglichen Laufzeit aufgrund der Fertigungsstunden sind noch 90 Iststunden für Rüstzeit abzusetzen, während der kein Stromverbrauch auftritt.

Der Stromverbrauch verhält sich voll proportional zur Laufzeit der Anlage. Beim Verrechnungspreis für den Strom handelt es sich nur um den proportionalen Anteil der Stromkosten. Der fixe Anteil der Stromkosten, der durch den Leistungspreis und die Verteilerkosten des Stromes bedingt ist, wird unter den Fixkosten sekundärer Kostenstellen ausgewiesen.

Kalkulatorische Abschreibungen

Bei der Ermittlung der Abschreibungen sind neben dem Anschaffungswert der Maschinen auch Transport- und Aufstellungskosten sowie dazu gehörige elektrische Ausrüstung und Sonderzubehör zu berücksichtigen. Damit man zu gegenwartsnahen Kosten kommt, ist es erforderlich, vom Wiederbeschaffungswert der Maschine auszugehen.

Der Wiederbeschaffungswert kann bestimmt werden durch Einholen von Angeboten, durch Schätzen (gegebenenfalls Vergleich mit ähnlichen Maschinen) oder durch Multiplikation des Anschaf-

fungswertes mit dem Index der Preisentwicklung. Aus Vereinfachungsgründen wird dabei die Rechnung für die Nebenanlagen mit dem gleichen Index durchgeführt.
Der Verschleiss der Maschinen, der kostenmässig durch die Abschreibungen zum Ausdruck kommt, ist bedingt durch Abnutzung, durch Alterung der Maschinen, durch die technische Entwicklung bei Ersatzmaschinen und die Bedarfsentwicklung auf dem Absatzmarkt. Proportional zur Maschinenlaufzeit verhält sich nur der Teil des Verschleisses, der durch die Abnutzung der Maschinen verursacht wird. Die während der Kalenderzeit auftretende Entwertung der Maschine, die vor allem durch Alterung, Korrosion und wirtschaftliche Überholung, durch Entwicklung leistungsfähigerer Anlagen bestimmt ist, verhält sich dagegen fix zur Bezugsgrössenentwicklung.
Der Abschreibungsprozentsatz ist nicht so aufgebaut, dass er sich aus einem proportionalen (Gebrauchsverschleiss) und einem fixen (Zeitverschleiss) Anteil zusammensetzt; bestimmend für den Abschreibungsprozentsatz ist vielmehr der dominierende Verschleiss. Wenn eine Maschine durch ihren Gebrauch in 10 Jahren verschleisst (Abschreibungssatz 10 %), jedoch unabhängig vom Gebrauch und allein durch Alterung und technische Neuentwicklung eine Einsatzmöglichkeit von 25 Jahren (Abschreibungssatz 4 %) gegeben ist, dann ist der betriebswirtschaftlich richtige Abschreibungsprozentsatz 10 %.
Bei der Kostenauflösung kann wie folgt vorgegangen werden: Der Wiederbeschaffungswert einer Drehbank beträgt 24000,–. Bei 10 % jährlichen Abschreibungen sind monatlich 200,– Abschreibungen zu verrechnen. Unabhängig von diesem Gebrauchsverschleiss wirkt der Zeitverschleiss, der hier mit 4 % angenommen ist. Proportional zur Benutzung der Maschine verhält sich danach nur der Teil der gebrauchsbedingten Abschreibungen, der über den Zeitverschleiss hinausgeht. Damit liegen die Daten für die Auflösung der Abschreibungen in fixe und proportionale Kosten vor.

Beispiel:

	Wiederbeschaffungswert × gebrauchsbedingter Abschreibungsprozentsatz	=	Jahres-abschreibung insgesamt	Monats-abschreibung	
	24000 × 0,10	=	2400	200	
./.					
	Wiederbeschaffungswert × zeitbedingter Abschreibungsprozentsatz				
	24000 × 0,04	=	960	80	fixe Abschreib.
=			1440	120	prop. Abschreib.

Diese Rechnung ist für jede einzelne Maschine anzustellen. Aus Vereinfachungsgründen wurde unterstellt, dass in der Dreherei 9 gleichartige und gleichwertige Maschinen vorhanden sind. Damit die Rechnung einfacher nachvollzogen werden kann, wurde auf die Berechnung von Abschreibungen für andere in der Dreherei vorhandene Wirtschaftsgüter verzichtet.
Liegen die Verhältnisse so, dass der zeitabhängige Verschleiss grösser ist als der durch den Gebrauch der Anlage bedingte Verschleiss, dann sind die Abschreibungen bei der Kostenauflösung als ausschliesslich fixe Kosten zu behandeln, weil der stärkere Verschleissfaktor immer wirkt und die Abschreibungsdauer der Gebrauchsfähigkeit von der Nutzungszeit unabhängig ist.

Kalkulatorische Zinsen
Für das in den Maschinen investierte Kapital sind Zinsen in Ansatz zu bringen. In die Kostenrechnung werden in der Regel nicht die tatsächlich für Fremdmittel vom Betrieb zu zahlenden Zinsen, sondern kalkulatorische Zinsen einbezogen. Diese werden unabhängig davon verrechnet, ob die Anlage mit eigenen Mitteln oder fremdfinanziert wurde. Kalkulatorische Zinsen haben mit Wertverzehr und Ausgaben nichts zu tun. Sie werden aus einer Alternativüberlegung in Ansatz gebracht und drücken aus, welchen Nutzen durch Zinseinnahmen der Betrieb gehabt hätte, wenn das Kapital nicht investiert, sondern auf dem Markt angelegt worden wäre. Die Höhe wird meist durch den branchenüblichen Zinssatz bestimmt. Mit fortschreitender Nutzung sinkt das durch die Maschinen gebundene Kapital, wodurch sich auch die darauf entfallenden Zinsen verringern. Das würde bedeuten, dass jedes Jahr die kalkulatorischen Zinsen neu zu berechnen wären, wollte man es ganz

genau machen. Zur Vereinfachung wird bei der Bestimmung der kalkulatorischen Zinsen der Zinssatz nicht auf das tatsächlich in den Anlagen noch gebundene Kapital (Restwert der Anlage), sondern auf die Hälfte der Summe aller Anschaffungs- bzw. Wiederbeschaffungswerte bezogen. Schwankungen der Bezugsgrössenhöhe haben auf den Umfang des in den Anlagen gebundenen Kapitals und damit auf die Höhe der kalkulatorischen Zinsen keinen Einfluss, weshalb sie bei der Kostenauflösung voll fix gesetzt werden.

IV. Die Ermittlung von Grenzkosten für Erzeugnisse (Grenzkostenkalkulation)

1. Grenzkostenkalkulation bei ausschliesslicher Berücksichtigung von Einzelkosten

Am einfachsten ist es, wenn als Grenzkosten nur die den Kostenträgern direkt zurechenbaren Einzelkosten, wie Fertigungsmaterial und Fertigungslohn, ausgewiesen werden. Diese Kosten verhalten sich in den meisten Fällen proportional zur Beschäftigung, und mit ihnen ist in der Regel der überwiegende Teil der Grenzkosten erfasst. Die Fertigungseinzelkosten können der Kostenträgerrechnung entnommen werden, oder man geht von den in den Stücklisten angegebenen Materialeinsätzen und den in den Fertigungsplänen vorgegebenen Arbeitszeiten, die noch zu bewerten sind, aus. Das Beispiel auf der folgenden Seite soll verdeutlichen, wie dabei verfahren werden kann.

Auftrag 615 200 Kostüme Modell Brigitte				
	Menge/Zeit	Kosten je Einheit	Kosten insgesamt	Kosten je Stück
Einsatzmaterial				
Oberstoff	400 m	12,50	5000,00	25,00
Futterstoff	360 m	3,00	1080,00	5,40
Zutaten			600,00	3,00
Summe Einsatzmaterial			6680,00	33,40
Fertigungslohn				
Zuschneiden	720 Min.	0,116	83,52	0,42
Nachschneiden	3000 Min.	0,112	336,00	1,68
Vorzeichnen	2000 Min.	0,112	224,00	1,12
Nähen	24000 Min.	0,105	2520,00	12,60
Bügeln	6000 Min.	0,121	726,00	3,63
Verpacken	1200 Min.	0,093	111,60	0,56
Summe Fertigungslohn			4001,12	20,01
Summe Fertigungseinzelkosten = Grenzkosten			10681,12	53,41

2. Grenzkostenkalkulation unter Berücksichtigung des proportionalen Anteils an den Gemeinkosten

Eine vollkommenere Ermittlung der Grenzkosten wird erreicht, wenn neben den Fertigungseinzelkosten auch der proportionale Anteil an den Gemeinkosten berücksichtigt wird.
Die Grenzkostenanteile der Gemeinkosten werden über die auch bei Vollkostenrechnung üblichen Verteilungsgrundlagen auf Kostenträger gebracht. Dabei empfiehlt es sich, zu prüfen, ob die verwandten Schlüssel dem Grundsatz der Kostenverteilung nach dem Verursachungsprinzip hinreichend gerecht werden.

C. Die Fixkostendeckungsrechnung als Ergänzung der Grenzkostenrechnung

I. Die Bildung von Fixkostengruppen

1. Bedeutung der Gruppenbildung

Es wurde bereits dargestellt, dass die traditionelle Vollkostenrechnung wegen der fehlenden Trennung der Vollkosten in ihre fixen und proportionalen Bestandteile für die Lösung verschiedener Aufgaben unbrauchbar ist und dass diese Erkenntnis zur Entwicklung der Grenzkostenrechnung führte. Bei diesem Kostenrechnungssystem werden die Fixkosten in einem Block vom Dekkungsbeitrag abgesetzt. Damit kann die Grenzkostenrechnung wohl Unterlagen für die Abrechnungszwecke bereitstellen, für die ausschliesslich Grenzkosten benötigt werden bzw. für die die Berücksichtigung von Fixkosten nicht erforderlich ist, wie die kurzfristige Erfolgsrechnung, die Verfahrenswahl oder die Programmoptimierung. Darin erschöpfen sich aber die der Kostenrechnung gestellten Aufgaben nicht. Die Kostenrechnung muss auch Unterlagen für langfristige Überlegungen liefern: Welche Preisuntergrenze muss für ein Produkt langfristig eingehalten werden? Wie sind die Kapazitäten der einzelnen Anlagen den Markterfordernissen anzupassen?

Solche Fragen können mit den Abrechnungsunterlagen der reinen Grenzkostenrechnung, die alle Fixkosten in einem Block zusammenfasst und vom Deckungsbeitrag absetzt, nicht beantwortet werden. Zur Lösung dieser Probleme ist die Fixkostendeckungsrechnung entwickelt worden.

Die reine Grenzkostenrechnung behandelt alle Fixkosten gleich. Die Fixkosten, die durch ein Patent oder eine Spezialmaschine für die Fertigung eines bestimmten Produktes entstehen, werden wie die Fixkosten eines Betriebsteiles oder die Fixkosten der Geschäftsführung von der Summe aller Deckungsbeiträge abgesetzt.

Bei der Fixkostendeckungsrechnung werden die Fixkosten entsprechend ihrer Beziehung zu den Produkten in Gruppen unterteilt und ihrer Beziehung zu den Produkten entsprechend stufenweise durch die Deckungsbeiträge der Produkte gedeckt. Wenn z. B. fixe Patentgebühren nur für die Fertigung des Produktes A zu zahlen sind, dann werden bei der Fixkostendeckungsrechnung diese Patentgebühren aus dem Deckungsbeitrag des Produktes A gedeckt. Wenn in einer Spezialanlage nur die Produkte B und C bearbeitet werden, dann werden bei der Fixkostendeckungsrechnung die Fixkosten dieser Spezialanlage von den Deckungsbeiträgen der Produkte B und C gedeckt. Wenn in einem Betriebsteil nur die Produkte A bis F erzeugt werden, dann sind bei der Fixkostendeckungsrechnung von den Deckungsbeiträgen der Produkte A bis F die Fixkosten des Betriebsteiles abzusetzen.
Je nach Betriebsgrösse empfiehlt sich die Bildung der folgenden Fixkostengruppen. Dabei geht es darum, die Fixkosten in ihrer unterschiedlichen Beziehung zum Produkt zu kennzeichnen.

1. Erzeugnisfixkosten,
2. Erzeugnisgruppenfixkosten,
3. Bereichsfixkosten,
4. Unternehmungsfixkosten.

2. Erzeugnisfixkosten

Hierbei handelt es sich um Fixkosten, die nur im Zusammenhang mit Entwicklung, Produktion und Absatz eines bestimmten Erzeugnisses entstehen. Das können z. B. fixe Patent- und Lizenzgebühren, Abschreibungen, Reparatur- und Werkzeugkosten und Werbekosten sein.
Wird in einer Kostenstelle nur ein Produkt gefertigt, wie beispielsweise Schwefelsäure in der Kostenstelle Schwefelsäurefabrik, dann sind die Fixkosten dieser Kostenstelle zugleich Erzeugnisfixkosten.

3. Erzeugnisgruppenfixkosten

Hier handelt es sich um die Fixkosten, die durch Entwicklung, Produktion und Absatz einer Gruppe von Erzeugnissen entstehen. Dabei kann es sich sinngemäss um die gleichen Kosten handeln, die bereits unter Erzeugnisfixkosten aufgeführt worden sind. Der Unterschied besteht lediglich darin, dass hier die Kosten nicht für ein einzelnes Produkt, sondern für eine Produktgruppe erfasst werden, weil sie gleichzeitig für die Produktgruppe anfallen.
In einem Spinnereibetrieb sind die Fixkosten der Kostenstelle Kämmerei Erzeugnisgruppenfixkosten der Erzeugnisgruppe gekämmte Garne.

4. Bereichsfixkosten

Zu Bereichsfixkosten werden die Fixkosten der Kostenstellen spezieller Werksbereiche oder von selbständigen Teilwerken zusammengefasst, die nur der Produktion oder dem Absatz bestimmter Erzeugnisgruppen dienen. Die Fixkosten der Kostenstellen des Giessereibetriebes können als Bereichsfixkosten ausgewiesen werden. Bisweilen sind die Bereichsfixkosten mit den Erzeugnisgruppenfixkosten identisch, was beispielsweise für den Bereich Kämmerei im Spinnereibetrieb zutrifft.
Zu beachten ist, dass es sich bei den Bereichsfixkosten um die restlichen Fixkosten der zum Bereich gehörenden Kostenstellen handelt, die verbleiben, wenn die Erzeugnisfixkosten und die Erzeugnisgruppenfixkosten abgesetzt worden sind.

5. Unternehmungsfixkosten

Zu den Unternehmungsfixkosten gehören die Fixkosten der Kostenstellen, die sich weder bestimmten Erzeugnissen noch Erzeugnisgruppen zuordnen lassen, weil sie nur in Beziehung zu allen Erzeugnissen gesehen werden können. Dazu gehören z. B. die Fixkosten der Kostenstellen Geschäftsleitung, Allgemeine Verwaltung und Rechnungswesen.

6. Die einzelnen Rechenschritte

Liegen die Fixkosten nach der aufgeführten Unterteilung vor, erfolgt die Fixkostendeckungsrechnung nach folgendem Schema:

Nettoerlös je Produkt
⁒ Grenzkosten je Produkt

= Deckungsbeitrag je Produkt

Deckungsbeitrag je Produkt
⁒ Erzeugnisfixkosten je Produkt

= Restdeckungsbeitrag I je Produkt

Restdeckungsbeiträge I je Produktgruppe
⁒ Erzeugnisgruppenfixkosten je Produktgruppe

= Restdeckungsbeitrag II je Produktgruppe

Restdeckungsbeiträge II je Bereich
⁒ Bereichsfixkosten je Bereich

= Restdeckungsbeiträge III je Bereich

Restdeckungsbeiträge III aller Bereiche
⁒ Unternehmungsfixkosten

= Nettoerfolg des Unternehmens

Zu beachten ist, dass es sich bei diesen Rechenschritten nicht um eine Verrechnung von Fixkosten auf Produkte handelt. Es werden lediglich die Fixkostenblöcke als Gesamtgrössen bestimmten Deckungsbeiträgen gegenübergestellt. Bei dieser Rechnung sollen die Fixkosten, die bekanntlich Kosten der Betriebsbereitschaft (Kapazität) sind, durch die Deckungsbeiträge der Erzeugnisse bzw. Erzeugnisgruppen, für die diese Kapazitätsvorhaltung erfolgt, verursachungsgemäss gedeckt werden.

II. Berücksichtigung der Abbaufähigkeit der Fixkosten

1. Notwendigkeit der Berücksichtigung

Wenn der Deckungsbeitrag eines Erzeugnisses nicht ausreicht, die Erzeugnisfixkosten zu decken, dann ist zu prüfen, ob dieses Erzeugnis weiter produziert werden soll.
Was geschieht bei Produktionseinstellung?
Auf alle Fälle fallen die Grenzkosten weg. Meist lässt sich auch ein Teil der Fixkosten einsparen. Ein anderer Teil der Fixkosten verbleibt auch bei Produktionseinstellung. Für solche Überlegungen sind die Fixkosten in abbaufähige und nichtabbaufähige Fixkosten zu unterteilen.
Zu den abbaufähigen Fixkosten gehören beispielsweise die Löhne für Hilfsarbeiter, Kosten für Beleuchtung und Spezialwerkzeuge. Nichtabbaufähig sind die Abschreibungen, wenn sich die Anlagen nicht anderweitig nutzen lassen. Kann ein Spezialwerkzeug, das noch mehrere Jahre einsatzfähig ist, heute für 1000,– veräussert werden, während es in einem Jahr nur noch ein Verkaufserlös von 200,– erzielt, dann stellt die Differenz von 800,– nichtabbaufähige Fixkosten dar.
Die Trennung in abbaufähige und nichtabbaufähige Fixkosten ist für alle Fixkostengruppen (Erzeugnis-, Erzeugnisgruppen-, Bereichs- und Unternehmungsfixkosten) vorzunehmen.

2. Verfahren

Bei der Abrechnung kann so verfahren werden, dass für jede Fixkostengruppe sowohl die abbaufähigen als auch die nichtabbaufähigen Fixkosten aufgeführt werden. Das bläht allerdings die Abrechnung auf. Einfacher ist es, wenn je Gruppe nur die abbaufähigen Fixkosten gezeigt werden, während die nichtabbaufähigen Fixkosten in einer Summe für alle Gruppen unter den Unternehmungsfixkosten ausgewiesen werden.

Die Trennung der Fixkosten in abbaufähige und nichtabbaufähige Fixkosten ist nicht unproblematisch. Die Abbaufähigkeit hängt wesentlich vom Betrachtungszeitraum ab. Bestehen beispielsweise längerfristige Abnahmeverträge für Energien, dann ist der dabei zu zahlende Leistungspreis meist für die Vertragsperiode nichtabbaufähig. Auch Personalkosten lassen sich zum Teil nur langfristig abbauen, wenn den Beschäftigten entsprechende Kündigungsfristen eingeräumt worden sind.
Allgemein kann man sagen, dass die Summe der abbaufähigen Fixkosten um so grösser wird, je länger der Betrachtungszeitraum (Abbauzeitraum) ist und je stärker die Beschäftigung zurückgeht.
Aus Vereinfachungsgründen legt man einen Abrechnungszeitraum von ½ bis 1 Jahr fest. Übermässig genau muss bei dieser Einteilung nicht vorgegangen werden. Die Fixkostendeckungsrechnung soll ja nur signalisieren, bei welchen Betriebsteilen Stillegungsüberlegungen anzustellen sind. Eine Rechnung, die alle wesentlichen Überlegungen, die mit einer Stillegung verbunden sind, berücksichtigt, kann sie ohnehin nicht ersetzen.

III. Berücksichtigung der Ausgabewirksamkeit der Kosten

Bisweilen wird der Versuch gemacht, in der Kostenrechnung auch finanzwirtschaftliche Aspekte zu berücksichtigen. Dabei werden die Kosten hinsichtlich des Betrachtungszeitraumes nach ihrer Ausgabewirksamkeit unterteilt, um zu erkennen, mit welchen Ausgaben in der Abrechnungsperiode zu rechnen ist. Zu den ausgabewirksamen Kosten gehören meist die Grenzkosten und Teile der Fixkosten. Alle Personalkosten sind beispielsweise ausgabewirksame Kosten. Abschreibungen für langlebige Wirtschaftsgüter haben meist nichts mit Ausgaben zu tun. Zwischen der Gruppe der abbaufähigen Fixkosten und der der ausgabewirksamen Kosten bestehen Ähnlichkeiten. Voraussetzung der Abbaufähigkeit der Kosten ist, dass mit dem Abbau auch die Ausgaben verschwinden.

IV. Organisatorische Voraussetzungen der Fixkostendeckungsrechnung

Bei der Bildung von Fixkostengruppen war bereits darauf hingewiesen worden, dass sich die aufgeführten Gruppen nicht immer klar voneinander abgrenzen lassen. Beispielsweise können sich die Erzeugnisgruppenfixkosten mit den Bereichsfixkosten decken, wenn alle zur Gruppe gehörigen Erzeugnisse in der Fertigung den gleichen Bereich durchlaufen. Es müssen deshalb nicht unbedingt immer vier Fixkostengruppen gebildet werden. In welchem Masse eine Differenzierung möglich ist, hängt wesentlich von dem Verhältnis der einzelnen Erzeugnisse zueinander und der Erzeugnisgruppenbildung ab.
Werden im Betrieb nur wenige, aber stark voneinander abweichende Erzeugnisse gefertigt, dann lassen sich meist verhältnismässig viel Erzeugnisfixkosten erfassen. Der Anteil der Erzeugnisgruppenfixkosten steigt in dem Masse, wie es gelingt, Produktgruppen zu bilden, die zumindest teilweise einen gemeinsamen Fertigungsdurchlauf haben. Von Bedeutung ist weiter, im Vertriebsbereich möglichst die gleichen Produktgruppen wie im Fertigungsbereich zu bilden, weil Erzeugnisgruppenfixkosten sowohl in der Fertigung wie auch im Vertrieb auftreten können. Damit wird deutlich, dass auch die Betriebsorganisation und die darauf aufbauende Kostenstellenbildung wesentlichen Einfluss auf die Fixkostengruppierung haben. Spezielle Fixkostengruppen lassen sich leichter bilden, wenn einzelne Kostenstellen bzw. Kostenstellenbereiche jeweils nur von einem Teil der Erzeugnisse beansprucht werden. Sind die Absatzfunktionen nach Produktgruppen unterteilt, dann können die damit verbundenen Fixkosten als Erzeugnisgruppenfixkosten oder Bereichsfixkosten erfasst werden. Werden dagegen Absatzfunktionen für die gesamte Produktionspalette ausgeführt, dann lassen sich die damit verbundenen Fixkosten nur als Unternehmungsfixkosten ausweisen. Ebenso verhält es sich im Fertigungsbereich. Erfolgt die Fertigung von Erzeugnissen oder Erzeugnisgruppen in Spezialabteilungen, dann ist der Anteil der Erzeugnisgruppenfixkosten bzw. Bereichsfixkosten verhältnismässig hoch. Unter Umständen ist es dann gerechtfertigt, eine besondere Fixkostengruppe, die Kostenstellenfixkosten, zu bilden. Ist dagegen die Fertigung nach dem Werkstättenprinzip organi-

siert, dann lassen sich die im gesamten Fertigungsbereich anfallenden Fixkosten unter Umständen nur als Unternehmungsfixkosten ausweisen.

V. Die Fixkostenermittlung

Die Verrechnung zwischen den Kostenstellen zeigt bei der Fixkostendeckungsrechnung gewisse Abweichungen gegenüber der traditionellen Vollkostenrechnung. In der Vollkostenrechnung werden, wie schon ausgeführt, die Kostenstellen aus Abrechnungsgründen in Primär- und Sekundärkostenstellen unterteilt. In den Sekundärkostenstellen, wie etwa der Reparaturabteilung oder der Kostenstelle Raumheizung, wird nicht unmittelbar für das herzustellende Erzeugnis gearbeitet.
Dem Leistungsfluss entsprechend werden die Kosten der Sekundärkostenstellen auf die leistungsempfangenden Kostenstellen verteilt. Das geschieht im Rahmen der Kostenstellenumlage. Wenn diese durchgeführt ist, sind die Kosten der Sekundärkostenstellen vollständig auf Primärkostenstellen verrechnet worden. Erst dann werden in der Kostenträgerrechnung die Kosten der Primärkostenstellen auf Kostenträger verrechnet. Die folgende Skizze soll den Abrechnungsgang verdeutlichen:

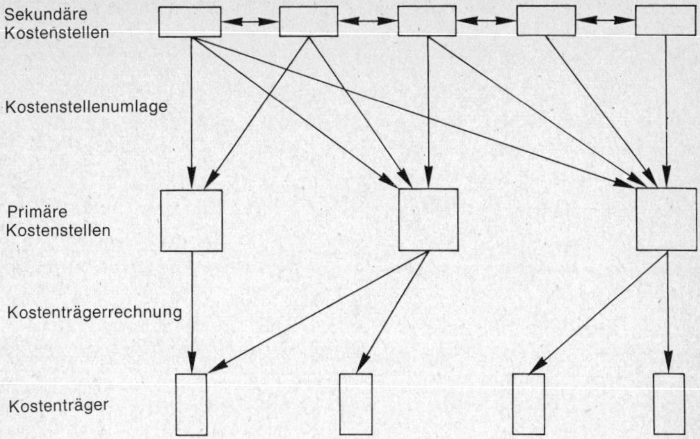

Abb. 2

Bei der Fixkostendeckungsrechnung werden von den Sekundärkostenstellen auf Primärkostenstellen nur Grenzkosten verrechnet, also z. B. die Grenzkosten für die durchgeführte Reparatur- oder Transportleistung. Die Fixkosten verbleiben dagegen auf den Sekundärkostenstellen. Das ist erforderlich, weil sonst unter Umständen Unternehmungsfixkosten unter Bereichsfixkosten oder Erzeugnisgruppenfixkosten ausgewiesen würden.

Kostenarten, die das ganze Unternehmen betreffen, wie z. B. die Gewerbeertragssteuer, Mitgliedsbeiträge und Prüfungskosten, müssen auf Kostenstellen erfasst werden, die zur Gruppe Unternehmungsfixkosten gehören. Diese Kostenarten dürfen nicht geschlüsselt und damit auf Primärkostenstellen verrechnet werden, weil sonst ebenfalls eine Verwischung zwischen Unternehmungsfixkosten und Bereichsfixkosten eintreten würde.

Die Ermittlung der Fixkosten nach den oben genannten Gruppen erfolgt im Zusammenhang mit der Kostenplanung bzw. Kostenauflösung. Sind für eine Kostenstelle durch Planung die Grenz- und Fixkosten bestimmt worden, ist zu prüfen, welche Fixkostenanteile bestimmten Erzeugnissen zugeordnet werden können (Erzeugnisfixkosten). Dann werden die Fixkostenanteile ausgesondert, die für bestimmte Erzeugnisgruppen entstehen (Erzeugnisgruppenfixkosten) und die nach Aussonderung der Erzeugnisfixkosten und Er-

zeugnisgruppenfixkosten verbleibenden Fixkosten zu Bereichsfixkosten zusammengefasst. Zur Bestimmung der Unternehmungsfixkosten werden die Fixkosten der Kostenstellen zusammengestellt, die dem gesamten Unternehmen dienen (z. B. Gebäude, Werkstrassen, Pförtner, Verwaltung). Die Differenz zwischen den geplanten und den tatsächlichen Fixkosten, die Fixkostenabweichung, wird unter den Unternehmungsfixkosten gezeigt.
Es ist natürlich auch möglich, die Fixkosten nach der hier vorgeschlagenen Gliederung bereits bei der Kontierung als Erzeugnis-, Erzeugnisgruppen-, Bereichs- und Unternehmungsfixkosten zu kennzeichnen. Das ist aber mit wesentlich höherem Arbeitsaufwand verbunden. Dieses Verfahren lässt sich im übrigen bei denjenigen Kostenarten nicht verwenden, die sich sowohl aus Grenz- als auch aus Fixkostenbestandteilen zusammensetzen.

VI. Beispiel einer Fixkostendeckungsrechnung

Auf den folgenden beiden Seiten ist eine Fixkostendeckungsrechnung dargestellt worden. Das Unternehmen ist in die Bereiche 1, 2 und 3 unterteilt worden (Spalte 1). Im Bereich 1 gibt es die Erzeugnisgruppen 1 und 2 (Spalte 2) und die Erzeugnisse 1 bis 5 (Spalte 3). Aus Raumgründen sind für den Bereich 2 nur die Erzeugnisgruppen 3, 4 und 5 aufgeführt und der Bereich 3 (Zeile 13) wurde global dargestellt.

1. Darstellung bis zum Restdeckungsbeitrag I

Die Darstellung bis zum Deckungsbeitrag (Spalte 6) und Deckungsbeitrag in Prozent vom Erlös (Spalte 7) deckt sich mit der Grenzkostenerfolgsrechnung nach Artikeln. Abweichend davon sind hier vom Deckungsbeitrag die Erzeugnisfixkosten (Spalte 8) abgesetzt worden. Das Ergebnis ist der Restdeckungsbeitrag I (Spalte 9). Im Bereich 1 treten Erzeugnisfixkosten nur bei den Erzeugnissen 2 und 5 auf. Bei den Erzeugnissen 1, 3 und 4 ist deshalb der Restdeckungsbeitrag I gleich dem Deckungsbeitrag. Der Restdeckungsbeitrag I in Prozent vom Erlös ist in Spalte 10 ausgewiesen.

Beispiel einer Fixkostendeckungsrechnung

	Erzeugnis Bereich	Erzeugnis Gruppe	Nr.	Erlös	⁒ Grenzkosten	= Deckungsbeitrag	DB in % v. Erlös	⁒ Erzeugnis-Fixkosten	= Restdeckungsbeitrag I	RDB I in % v. Erlös
	1	2	3	4	5	6	7	8	9	10
1	1	1	01	6 800,–	3 400,–	3 400,–	50,0	–	3 400,–	50,0
2			02	7 900,–	3 200,–	4 700,–	59,5	2000,–	2 700,–	34,2
3			03	8 400,–	4 800,–	3 600,–	42,9	–	3 600,–	42,9
4		Zwischensumme		23 100,–	11 400,–	11 700,–	50,6	2000,–	9 700,–	42,0
5		2	04	5 600,–	3 100,–	2 500,–	44,6	–	2 500,–	44,6
6			05	4 700,–	2 100,–	2 600,–	55,3	500,–	2 100,–	44,7
7		Zwischensumme		10 300,–	5 200,–	5 100,–	49,5	500,–	4 600,–	44,7
8	Zwischensumme			33 400,–	16 600,–	16 800,–	50,3	2500,–	14 300,–	42,8
9	2	3	11/19	35 400,–	18 300,–	17 100,–	48,3	–	17 100,–	48,3
10		4	20/23	57 200,–	33 700,–	23 500,–	41,1	5200,–	18 300,–	32,0
11		5	25/30	16 400,–	10 500,–	5 900,–	36,0	–	5 900,–	36,0
12	Zwischensumme			109 000,–	62 500,–	46 500,–	42,7	5200,–	41 300,–	37,9
13	3	6/8	51/88	86 400,–	45 400,–	41 000,–	47,5	–	41 000,–	47,5
14	Summe			228 800,–	124 500,–	104 300,–	45,6	7700,–	96 600,–	42,2

Beispiel einer Fixkostendeckungsrechnung (Fortsetzung)

	Erzeugnis Ber.	Gr.	Nr.	Restdeckungsbeitrag I	⁒ Erzeugnisgruppen-Fixkosten	= Restdeckungsbeitrag II	RDB II in % v. Erlös	⁒ Bereichs-Fixkosten	= Restdeckungsbeitrag III	RDB III in % v. Erlös	⁒ Unternehmungs-Fixkosten	= Nettoerfolg
	1	2	3	4	5	6	7	8	9	10	11	12
1	1	1	01	3 400,–	–	–	–	–	–	–	–	–
2			02	2 700,–	–	–	–	–	–	–	–	–
3			03	3 600,–	–	–	–	–	–	–	–	–
4		Zwischensumme		9 700,–	1500,–	8 200,–	35,5	–	–	–	–	–
5		2	04	2 500,–	–	–	–	–	–	–	–	–
6			05	2 100,–	–	–	–	–	–	–	–	–
7		Zwischensumme		4 600,–	–	4 600,–	44,7	–	–	–	–	–
8	Zwischensumme			14 300,–	1500,–	12 800,–	38,3	8 400,–	4 400,–	13,2	–	–
9	2	3	11/19	17 100,–	2000,–	15 100,–	42,7	–	–	–	–	–
10		4	20/23	18 300,–	–	18 300,–	32,0	–	–	–	–	–
11		5	25/30	5 900,–	–	5 900,–	36,0	–	–	–	–	–
12	Zwischensumme			41 300,–	2000,–	39 300,–	36,0	10 300,–	29 000,–	26,6	–	–
13	3	6/8	51/88	41 000,–	3000,–	38 000,–	44,0	7 900,–	30 100,–	34,8	–	–
14	Summe			96 600,–	6500,–	90 100,–	39,4	26 600,–	63 500,–	27,8	52 100,–	11 400,–

2. Darstellung bis zum Nettoerfolg

In der Fortsetzung der Fixkostendeckungsrechnung auf Seite 63 sind in Spalte 5 die Erzeugnisgruppenfixkosten aufgeführt. Werden diese vom Restdeckungsbeitrag I (Spalte 4) abgesetzt, bleibt der Restdeckungsbeitrag II (Spalte 6) übrig. Dabei ist zu beachten, dass die Erzeugnisgruppenfixkosten auch nur vom Restdeckungsbeitrag I der betreffenden Erzeugnisgruppe, nicht dagegen von den Einzelerzeugnissen abgesetzt werden. Die Restdeckungsbeiträge II werden deshalb nur für Erzeugnisgruppen ausgewiesen.
Die Bereichsfixkosten (Spalte 8) werden von der Summe der Restdeckungsbeiträge II der zum Bereich gehörigen Erzeugnisgruppen abgesetzt. Der sich ergebende Restdeckungsbeitrag III wird nur für Bereiche ausgewiesen.
Von der Summe aller Restdeckungsbeiträge III sind die Unternehmungsfixkosten (Spalte 11) abgesetzt worden. Was bleibt, ist der Nettoerfolg (Spalte 12).
Wie schon angeführt, werden die Erzeugnisgruppenfixkosten (Spalte 5) nur für die Erzeugnisgruppe und damit die Restdekkungsbeiträge II (Spalte 6) ebenfalls nur für Erzeugnisgruppen ausgewiesen. Abrechnungstechnisch ist es wohl möglich, die beiden Werte nach einzelnen Produkten aufzuschlüsseln. Problematisch wäre die Schlüsselwahl. Bisweilen wird eine Aufteilung auf Basis der Grenzkosten oder der Deckungsbeiträge vorgenommen. Die dabei gewonnenen Werte sind aber reine Rechengrössen, die für sich keinen Aussagewert haben, weshalb von einer Aufteilung Abstand genommen werden sollte.
Es wird doch unterstellt, dass es sich um Kosten handelt, die von der Produktionshöhe unabhängig sind. Sie fallen auch unabhängig davon an, ob die Produktion des einen oder anderen Erzeugnisses der Gruppe erhöht oder gedrosselt wird. Sie entstehen vielmehr für die Erzeugnisgruppe als Ganzes und sind deshalb auch entsprechend für die gesamte Erzeugnisgruppe auszuweisen. Das gleiche gilt sinngemäss für die Bereichsfixkosten und die Unternehmungsfixkosten.

VII. Auswertungsmöglichkeiten der Fixkostendeckungsrechnung

Bedeutung kommt der Fixkostendeckungsrechnung bei der Findung von Angebotspreisen zu, die zur vollen Kostendeckung führen. Hierauf wird noch gesondert eingegangen.

Wie bereits angedeutet, gibt die Fixkostendeckungsrechnung darüber hinaus Anhaltspunkte für die Anpassung der Kapazitäten an die Marktverhältnisse. Liegen Erzeugnisgruppen vor, die nicht einmal ihre Gruppenfixkosten decken, muss geprüft werden, ob es sinnvoller ist, sie aus dem Fertigungsprogramm zu streichen und die betreffenden Abteilungen stillzulegen. Es wurde bereits darauf hingewiesen, dass die Fixkostendeckungsrechnung für solche Überlegungen nur ein Signal geben kann. Ist das ausgelöst, sind spezielle Stillegungsrechnungen anzustellen, weil es unmöglich ist, alle Eventualitäten vorher in einer Fixkostendeckungsrechnung zu berücksichtigen.

Unter dem Gesichtspunkt ihrer Auswertung ist es ausreichend, wenn die Fixkostendeckungsrechnung halbjährlich oder jährlich als Ergänzung zur Deckungsbeitragsrechnung durchgeführt wird.

D. Die Ergebnisrechnung als Deckungsbeitragsrechnung

I. Grenzkostenerfolgsrechnung nach Artikeln

1. Abrechnungsbeispiel

Die folgende Übersicht zeigt eine Grenzkostenerfolgsrechnung dreier unterschiedlicher Chemieprodukte für einen Monat, nämlich der Produkte A, B und C. Die Absatzmengen in Zeile 1 sind der Verkaufsabrechnung entnommen. Bei den Verkaufspreisen je kg (Zeile 2) handelt es sich um die im Abrechnungsmonat erzielten Nettoverkaufspreise. Zu ihrer Ermittlung wurden die in der Verkaufsabrechnung erfassten Nettoerlöse je Erzeugnis durch die abgesetzte Menge dividiert. Bei den Grenzkosten je kg handelt es sich um geplante Werte. Der Deckungsbeitrag je kg (Zeile 4) ist als Differenz zwischen dem Verkaufspreis je kg (Zeile 2) und den Grenzkosten je kg (Zeile 3) errechnet worden.

Grenzkostenerfolgsrechnung nach Artikeln

Artikel		Summe	A	B	C
		1	2	3	4
Absatz in kg	1		1 200	800	1 700
Verkaufspreis je kg	2		10,–	15,–	12,–
Grenzkosten je kg	3		5,–	8,–	8,–
Deckungsbeitrag je kg	4		5,–	7,–	4,–
Netto-Erlös	5	44 400,–	12 000,–	12 000,–	20 400,–
⁒ geplante Grenzkosten des Umsatzes	6	26 000,–	6 000,–	6 400,–	13 600,–
= Deckungsbeitrag	7	18 400,–	6 000,–	5 600,–	6 800,–
⁒ geplante Fixkosten	8	14 400,–			
= Verkaufsergebnis	9	4 000,–			

Kennzahlen:					
Deckungsbeitrag in % des Erlöses	10	41,5	50,0	46,7	33,3
Produktionszeit je kg in Min.	11		5	9	3
Deckungsbeitrag je Min. Produktionszeit	12		1,00	–,78	1,33

Die Grenzkosten des Umsatzes wurden durch Multiplikation der Absatzmenge mit dem Grenzkostensatz je kg ermittelt.
Die Fixkosten (Zeile 8) sind ebenfalls ein Planwert, der im Zusammenhang mit der Kostenauflösung berechnet wurde.
Bei der hier dargestellten Deckungsbeitragsrechnung handelt es sich praktisch um die einfachste Form der Grenzkostenerfolgsrechnung. In ihr werden nur Erlöse und Kosten der abgesetzten Erzeugnisse berücksichtigt. Die Grenzkosten je Erzeugniseinheit und die Fixkosten werden nur einmal im Rahmen der Kostenauflösung ermittelt. Dadurch ist die Rechnung sehr einfach zu handhaben, ohne viel Mühe lässt sie sich manuell erstellen.

2. Auswertung

Welche Auswertungsmöglichkeiten bietet eine solche Grenzkostenerfolgsrechnung nach Artikeln?
Der Deckungsbeitrag in Zeile 7 zeigt, in welchem Masse die einzelnen Artikel zur Deckung der fixen Kosten und zur Erzielung des Gewinns beitragen. Artikel C erreicht mit dem grössten Umsatz auch den grössten Deckungsbeitrag. Dann folgen die Artikel B und C.
In der Regel besteht die Zielsetzung des Unternehmens in der Gewinnerhöhung und damit in der Steigerung des Deckungsbeitrages. Der Verkauf ist dagegen häufig noch dahingehend ausgerichtet, den Umsatz zu erhöhen. Wie das Beispiel zeigt, führt der höchste Umsatz nicht unbedingt zum höchsten Deckungsbeitrag. Zur Beurteilung des Verhältnisses zwischen Umsatz und Deckungsbeitrag wurde deshalb die Kennzahl Deckungsbeitrag in % des Erlöses eingeführt. An ihr erkennt man, welcher Artikel, bezogen auf den Umsatz, den grösseren Deckungsbeitrag bringt. Bei

Verkauf des Artikels A wird je 1,– Umsatz 0,50 Deckungsbeitrag erreicht, bei Artikel B sind es 0,47 und bei C nur 0,33. Wenn also die Möglichkeit besteht, den Umsatz der einzelnen Artikel unabhängig voneinander zu steigern – etwa durch Werbung – dann empfiehlt sich zunächst die Förderung des Artikels A, weil er, bezogen auf den Umsatz, den grössten Deckungsbeitrag bringt.
Ist der Umsatz kontingentiert, wie es z.B. im Export der Fall sein kann, dann lässt sich der Deckungsbeitrag dadurch vergrössern, dass der Artikel mit dem höheren Deckungsbeitrag zu Lasten der anderen Artikel gefördert wird. Das wäre dann wiederum Artikel A.
Auch der Deckungsbeitrag je Einheit (Zeile 4) ist eine wichtige Kennzahl. Artikel B ist wohl im Verkaufspreis der teuerste, er bringt aber auch je kg den höchsten Deckungsbeitrag. Wenn sich die drei Artikel mehr oder weniger substituieren lassen, der Kunde also entweder den einen oder anderen Artikel kauft, dann sollte durch den Verkauf Artikel B gefördert werden unter der Voraussetzung, dass der Kunde davon die gleiche Menge wie von A bzw. C abnimmt.
Die bisherigen Überlegungen waren ausschliesslich absatzbezogen; es wurde unterstellt, dass die Produktion jeden Absatzwunsch erfüllen kann. Anders verhält es sich, wenn die Produktionsmöglichkeiten aufgrund der vorhandenen Kapazitäten beschränkt sind. Zur Beurteilung der Lage unter diesen Bedingungen wurden die Kennzahlen Produktionszeit je kg in Min. (Zeile 11) und Deckungsbeitrag je Min. Produktionszeit (Zeile 12) aufgeführt.
Für die Bearbeitung der Artikel ist eine Anlage erforderlich, deren Kapazität 300 Stunden im Monat beträgt. Für den Durchsatz von 1 kg Artikel A benötigt diese Anlage 5 Min., bei Artikel B 9 Min. und bei Artikel C 3 Min. Wenn es infolge dieser Kapazitätsbeschränkung nicht möglich ist, alle Absatzwünsche zu erfüllen, dann muss der Absatz auf die Artikel gelenkt werden, die bezogen auf die Zeiteinheit für die Inanspruchnahme des Produktionsengpasses den höheren Deckungsbeitrag bringen. Für die Artikelauswahl dient die Kennzahl Deckungsbeitrag je Min. Produktionszeit (Zeile 12). Zu ihrer Ermittlung ist der Deckungsbeitrag je kg (Zeile 4) durch die Produktionszeit je kg (Zeile 11) dividiert worden. Solange also infolge des Produktionsengpasses nicht alle Absatzmöglichkeiten ausgeschöpft werden, ist zur Erhöhung des Deckungsbeitrages der Absatz des Artikels C zu Lasten der anderen Artikel zu forcieren, da er mit 1,33 den höchsten Deckungsbeitrag, bezogen auf die Engpassminute, bringt.

II. Grafische Darstellung der Grenzkostenerfolgsrechnung

1. Bestimmung des Break-even-point in einem Diagramm

Die grafische Darstellung der Grenzkostenerfolgsrechnung bringt gegenüber der zahlenmässigen Darstellung keine neuen Erkenntnisse; ihr Vorteil besteht darin, dass die Aussagen der Erfolgsrechnung demjenigen, der eher geneigt ist, in Kosten- und Erlöskurven zu denken, plastischer vor Augen geführt werden können.
In dem Diagramm auf der folgenden Seite (Abb. 3) sind auf der senkrechten Achse Erlöse, Kosten und Gewinn und auf der waagerechten Achse der Umsatz aufgetragen. Die waagerechte Linie, die im Punkt C beginnt, zeigt die fixen Kosten in Höhe von 14400,–. Die Grenzkosten sind mit der Linie C/D dargestellt. Die Linie der Grenzkosten endet bei 40400,– (14400,– Fixkosten + 26000,– Grenzkosten).
Die Erlöslinie verläuft von A nach B genau durch die Mitte des Diagramms, da sowohl auf der senkrechten als auch auf der waagerechten Achse die gleiche Werteinteilung vorhanden ist.
Im Punkt 0 schneiden sich die Grenzkostenlinie und die Erlöslinie. Das ist der Punkt, bei dem die Erlöse gerade die fixen Kosten und die Grenzkosten decken. Eine der häufigsten Bezeichnungen für diesen Punkt lautet «Break-even-point». Deutsche Bezeichnungen sind Nutzenschwelle, Gewinnschwelle und Punkt der Vollkostendeckung. Der Break-even-point gibt die Umsatzhöhe an, die erreicht werden muss, um Vollkostendeckung zu erzielen. Erst der über diesen Punkt hinausgehende Umsatz bringt Gewinn. Das soll das schraffierte Dreieck 0 B D, die Gewinnzone, verdeutlichen.

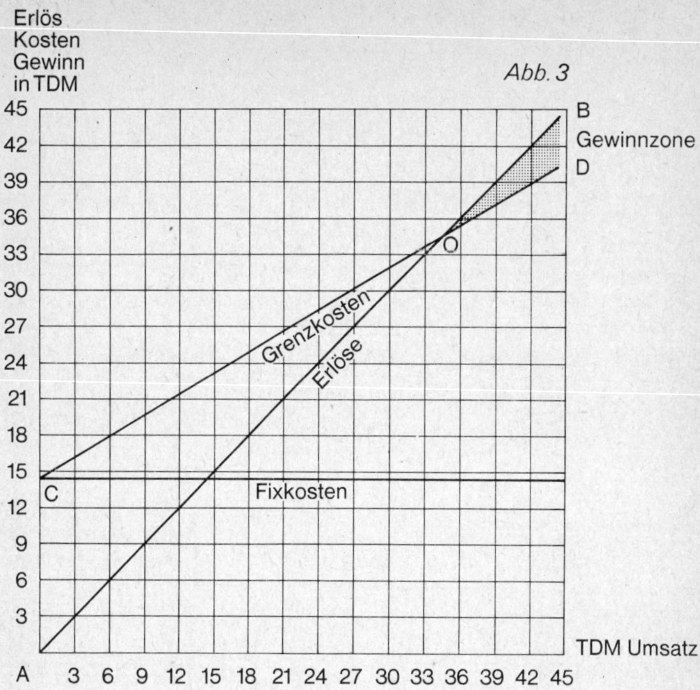

2. Rechnerische Ermittlung des Break-even-point

Der Break-even-point kann auch rechnerisch ermittelt werden:

$$\text{Break-even-point} = \frac{\text{Fixkosten}}{\text{Deckungsbeitrag in \% vom Umsatz}} = \frac{14\,400}{0{,}4144} = 34\,749$$

Wenn vom Umsatz 41,44 % Deckungsbeitrag erreicht werden, dann sind 34 749,– Umsatz erforderlich, um 14 400,– Fixkosten (41,44 % von 34 749) zu decken.

Neben dem Break-even-point wird meist noch der Sicherheitsfaktor ermittelt, der angibt, um wieviel Prozent sich der Umsatz verschlechtern kann, bis der Break-even-point erreicht wird. Im vorliegenden Beispiel beträgt der

Sicherheitsfaktor =

$$\frac{\text{Istumsatz} - \text{Break-even-Umsatz}}{\text{Istumsatz}} = \frac{44\,400 - 34\,749}{44\,400} = 21{,}736\,\%$$

Wenn sich also der gegenwärtige Istumsatz	44 400
um 25,7 % verschlechtert	./. 9651
wird der Break-even-point erreicht	34 749

3. Weitere Möglichkeiten grafischer Darstellung

Die nachstehende Abb. 4 zeigt eine weitere Möglichkeit für das Break-even-Diagramm. Der Unterschied zur vorhergehenden Darstellung besteht lediglich in der Reihenfolge der Kosten. In Abb. 3 bilden die Fixkosten einen Sockel, auf den die Grenzkosten gesetzt worden sind. In Abb. 4 wird umgekehrt mit den Grenzkosten begonnen.

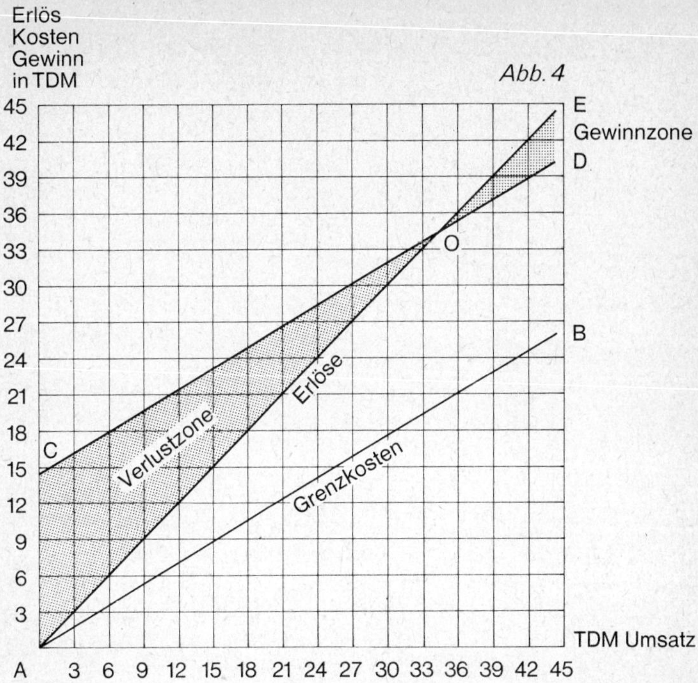

Eine andere Möglichkeit der Darstellung zeigt die nachstehende Abbildung.

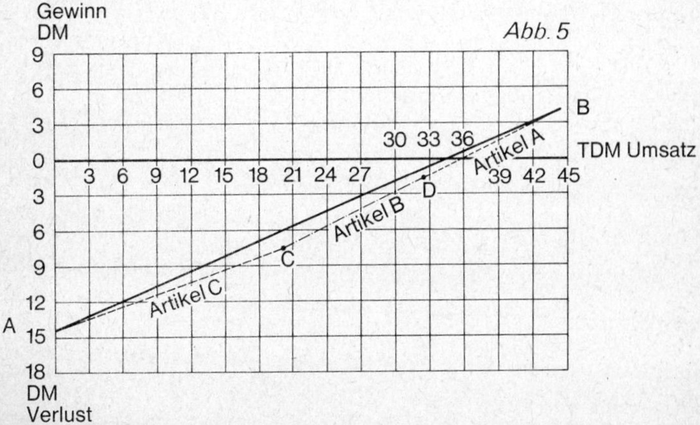

Auf der waagerechten Achse ist wieder der Umsatz aufgetragen. Die senkrechte Achse zeigt oberhalb der Umsatzachse Gewinn, unterhalb der Umsatzachse Verlust. Von links unten nach rechts oben verläuft die Deckungsgradlinie A/B. Sie beginnt im Verlustfeld unterhalb der Umsatzlinie bei 14400,– (Höhe der Fixkosten) und endet im Gewinnfeld oberhalb der Umsatzlinie bei 4000,– (Höhe des Gewinns). Im Break-even-point bei 34749,– schneidet die Deckungsgradlinie die Umsatzachse. Das Steigungsmass der Deckungsgradlinie hängt von der Höhe des Prozentsatzes, den der Deckungsbeitrag vom Umsatz ausmacht, ab. Hier sind es 41,44 %.
Bei der Deckungsgradlinie A/B handelt es sich um den Deckungsbeitrag aller Produkte. Will man erkennen, welchen Anteil die einzelnen Artikel haben, ist die darunter verlaufende Linie zu betrachten. Es ist zunächst mit dem Artikel mit dem höchsten Deckungsbeitrag begonnen worden (Artikel C). Bei einem Umsatz von 20400,– bringt Artikel A einen Deckungsbeitrag von 6800,–. Die gestrichelte Linie A/C ist die Deckungsgradlinie des Artikels C. Sie verläuft unterhalb der Deckungsgradlinie des Gesamtbetriebes (A/C), weil der Artikel C bezogen auf den Umsatz nur 33,3 % Dekkungsbeitrag bringt, während es für den Gesamtbetrieb 41,44 % sind.
Die Linie C/D ist die Deckungsgradlinie des Artikels B. Sie steigt stärker an als die Deckungsgradlinie A/B, da der Deckungsgrad des Artikels B mit 46,7 % über dem Durchschnitt des Betriebes liegt. Die Linie D/B ist die Deckungsgradlinie des Artikels A.

4. Einschätzung der Diagrammform

Zweifellos bietet die Diagrammform die Möglichkeit, den Break-even-point und die Gewinnzone recht eindrucksvoll darzustellen, solange es sich nur um wenige Artikel handelt. Ist das Sortiment umfangreich und bestehen zwischen den einzelnen Artikeln grosse Schwankungen, wird es schwierig, die Einflüsse der einzelnen Artikel deutlich zu zeigen. Ein weiterer Nachteil besteht darin, dass der Break-even-point immer nur für eine bestimmte Auftragszusammensetzung Gültigkeit hat und dass es nicht möglich ist, den Einfluss von Mengen- und Verkaufspreisschwankungen zu zeigen. Die weitgehende Analyse der Artikelergebnisrechnung ist nur mit Hilfe eines rechnerischen Soll-Ist-Vergleiches möglich.

III. Grenzkostenerfolgsrechnung mit Soll-Ist-Vergleich für die Beurteilung des Absatzergebnisses

1. Darstellung eines Beispiels

Die Grenzkostenerfolgsrechnung nach Erzeugnissen lässt sich wesentlich aussagekräftiger gestalten, wenn in die Abrechnung Plandaten mit einbezogen werden. Das Beispiel auf Seite 76 zeigt, wie dabei verfahren werden kann.

Es sind die gleichen Istdaten wie im vorangegangenen Beispiel verwandt worden. Die geplanten Absatzmengen und Verkaufspreise je Erzeugnis muss der Verkauf angeben. Das erscheint zunächst komplizierter, als es ist. Schliesslich stellt sich ja der Verkauf Ziele, und um nichts anderes als um die Angabe dieser Zielvorstellungen geht es. Das Verkaufsziel für den Artikel A sind 1400 kg zu durchschnittlich 12,–/kg, von Erzeugnis B sollen 700 kg zu 16,– und von Erzeugnis C 1600 kg zu 12,– abgesetzt werden.

Die Grenzkostensätze sind im Plan die gleichen wie im Ist. Das ist hier darauf zurückzuführen, dass auch für die Ermittlung der Istdeckungsbeiträge nicht von den Istkosten, sondern von den im Rahmen der Kostenauflösung ermittelten Grenzkosten je Erzeugnis, bei denen es sich in gewissem Sinne um Plankosten handelt, ausgegangen wird. Sinngemäss das gleiche gilt für die Fixkosten.

Soll-Ist-Vergleich einer Grenzkostenerfolgsrechnung

Artikel		Summe		A		B		C	
		1	2	3	4	5	6	7	8
		Plan	Ist	Plan	Ist	Plan	Ist	Plan	Ist
Absatz in kg (m)	1			1 400	1 200	700	800	1 600	1 700
Verkaufspreis je kg (v)	2			12,–	10,–	16,–	15,–	12,–	12,–
Grenzkosten je kg				5,–	5,–	8,–	8,–	8,–	8,–
Deckungsbeitrag je kg (d)	3			7,–	5,–	8,–	7,–	4,–	4,–
Netto-Erlös	4	47 200,–	44 400,–	16 800,–	12 000,–	11 200,–	12 000,–	19 200,–	20 400,–
⁒ Grenzkosten des Umsatzes	5	25 400,–	26 000,–	7 000,–	6 000,–	5 600,–	6 400,–	12 800,–	13 600,–
= Deckungsbeitrag	6	21 800,–	18 400,–	9 800,–	6 000,–	5 600,–	5 600,–	6 400,–	6 800,–
⁒ Fixkosten	7	14 400,–	14 400,–						
Verkaufsergebnis	8	7 400,–	4 000,–						
Deckungsbeitrag in % des Erlöses (% d)	9	46,2%	41,5%	58,3%	50,0%	50,0%	46,7%	33,4%	33,4%

2. Analyse der Soll-Ist-Abweichungen

Die Einbeziehung von Plandaten in die Abrechnung hat natürlich nur dann einen Sinn, wenn die Differenzen zwischen Soll und Ist analysiert werden, um dadurch die vergangene Verkaufstätigkeit beurteilen und für die Zukunft Schlussfolgerungen ziehen zu können.
Bei Artikel A sollte ein Deckungsbeitrag von 9800,– erwirtschaftet werden. Tatsächlich wurden aber nur 6000,– erreicht.
Was sind die Ursachen dafür, dass das gesteckte Ziel nicht erreicht wurde?

Artikel A

	Plan	Ist	Abweichung
Absatz in kg (m)	1400	1200	./. 200
Verkaufspreis je kg (v)	12,–	10,–	./. 2,–
Deckungsbeitrag je kg (d)	7,–	5,–	./. 2,–
Deckungsbeitrag	9800,–	6000,–	./. 3800,–

Im vorliegenden Beispiel wird sowohl im Plan als auch im Ist mit den gleichen Grenzkostensätzen gerechnet. Das hat zur Folge, dass sich Änderungen im Verkaufspreis je Einheit im gleichen Grössenverhältnis in den Deckungsbeiträgen je kg zeigen. Rechnerisch wäre es unter diesem Gesichtspunkt für die Beurteilung der Ergebnisänderungen bei den einzelnen Erzeugnissen ausreichend, wenn nur mit der Verkaufspreisveränderung gerechnet würde. Hier soll dennoch der Deckungsbeitrag je Einheit berücksichtigt werden, weil bei der Betrachtung des Gesamtbetriebes, auf die später noch eingegangen wird, durch Sortimentsverschiebungen die Relation zwischen Ist- und Planverkaufspreis/Einheit nicht die gleiche wie die zwischen Ist- und Plandeckungsbeitrag/Einheit ist.
Die Analyse wird als Alternativrechnung durchgeführt. Die Frage lautet: Welche Veränderung im Ergebnis wäre bei Einhaltung des Planwertes eingetreten?
Die tatsächliche Verkaufsmenge ist um 200 kg niedriger gewesen als die planmässig vorgesehene Verkaufsmenge. Um wieviel wäre das Istergebnis bei Absatz der geplanten Menge besser ausgefallen?

Istabsatzmenge	×	geplanter Deckungsbeitrag/kg	= Deckungsbeitrag
1200	×	7	= 8400
./. geplante Absatzmenge	×	geplanter Deckungsbeitrag/kg	= Deckungsbeitrag
1400	×	7	= 9800
= entgangener Deckungsbeitrag durch geringere Absatzmenge			./. 1400

Der entgangene Deckungsbeitrag durch geringere Absatzmenge wird auch als Verkaufsmengenabweichung im Deckungsbeitrag bezeichnet.

Der tatsächliche Verkaufspreis je kg liegt um 2,– unter dem geplanten Verkaufspreis. Um wieviel wäre das Ergebnis bei Absatz der Istmenge zum geplanten Verkaufspreis/kg besser ausgefallen?

	Istabsatzmenge	×	Istverkaufspreis/kg	=	Isterlös zu Istpreisen
	1200	×	10	=	12 000
./.	Istabsatzmenge	×	Planverkaufspreis/kg	=	Isterlös zu Planpreisen
	1200	×	12	=	14 400
=	entgangener Erlös durch niedrigere Verkaufspreise oder Verkaufspreisabweichung				./. 2400

Vereinfacht lassen sich die beiden Rechnungen wie folgt ausdrükken:

Verkaufsmengenabweichung				
Mengenabweichung	×	geplanter Deckungsbeitrag		
$(m_i - m_p)$	×	d_p		
− 200	×	7	=	− 1400
Verkaufspreisabweichung				
Verkaufspreisabweichung/kg	×	Istmenge		
$(v_i - v_p)$	×	m_i		
− 2	×	1200	=	− 2400
Deckungsbeitragsabweichung				− 3800

Für den Artikel B sieht die Abweichungsanalyse wie folgt aus:

Artikel B

	Plan	Ist	Abweichung
Absatz in kg (m)	700	800	+ 100
Verkaufspreis je kg (v)	16,–	15,–	– 1
Deckungsbeitrag je kg (d)	8,–	7,–	– 1
Deckungsbeitrag	5600,–	5600,–	± 0

Verkaufsmengenabweichung
$(m_i - m_p) \times d_p$
$+ 100 \times 8$ = + 800
Verkaufspreisabweichung
$(v_i - v_p) \times m_i$
$- 1 \times 800$ = – 800

Deckungsbeitragsabweichung = ± 0

Bei Artikel C (siehe Seite 76) rührt die Deckungsbeitragsabweichung nur aus der Verkaufsmengenabweichung; der Verkaufspreis je kg im Ist weicht von dem im Plan nicht ab.

Verkaufsmengenabweichung
$(m_i - m_p) \times d_p$
$+ 100 \times 4,-$ = 400

Nun soll noch die Abweichungsanalyse für die Summe der Artikel A, B und C gezeigt werden. Man kann sie als Abweichungsanalyse für den gesamten Betrieb auffassen, wenn sich das Sortiment nur aus diesen drei Artikeln zusammensetzt. Die Abrechnung kann aber auch als die Abrechnung einer Artikelgruppe betrachtet werden. Häufig ist es so, dass wegen der Vielzahl der Artikel in die Abrechnung nicht die einzelnen Artikel, sondern nur die Artikelgruppen einbezogen werden.
Eine Möglichkeit der Abweichungsanalyse besteht darin, genauso wie mit den einzelnen Artikeln zu verfahren. Es ist dann die Summe der Artikelanalysen gleich der Gesamtanalyse.

	Verkaufsmengenabweichung		
Artikel	$(m_i - m_p) \times d_p$		
A	− 200 × 7	=	− 1400
B	+ 100 × 8	=	800
C	+ 100 × 4	=	400
			− 200

	Verkaufspreisabweichung		
Artikel	$(v_i - v_p) \times m_i$		
A	− 2 × 1200	=	− 2400
B	− 1 × 800	=	− 800
C	± 0 × 100	=	± 0
			− 3200
Deckungsbeitragsabweichung			− 3400

Bei der so ermittelten Verkaufsmengenabweichung für den Gesamtbetrieb bzw. für die Artikelgruppe werden zwei verschiedene Dinge miteinander verquickt. Zählt man beide Plan- und Istmengen der einzelnen Artikel zusammen, dann ergeben sich in beiden Fällen 3700 kg. In der Tabelle sind diese Summen nicht ausgewiesen, weil sie für sich keinen Aussagewert haben.
Bei Artikel A wurden gegenüber dem Plan 200 kg weniger abgesetzt, bei den Artikeln B und C waren es je 100 kg mehr. Bei der Analyse der Verkaufsmengenabweichung sind deshalb die mengenmässigen Abweichungen der einzelnen Artikel mit dem jeweiligen Plandeckungsbeitrag/kg gewichtet worden. Bei der Ermittlung der Abweichungen zwischen Plan und Ist interessiert aber nicht nur, ob der mengenmässige Absatz eingehalten worden ist, sondern auch die Frage, ob das geplante Verkaufsprogramm, das Sortiment, eingehalten worden ist. Zur Beantwortung dieser Frage ist die oben ermittelte Verkaufsmengenabweichung in eine Verkaufsprogrammabweichung und die eigentliche Verkaufsmengenabweichung aufzulösen.
Bei Einhaltung des geplanten Verkaufsprogramms wären ein Nettoerlös von 47 200,– und ein Deckungsbeitrag von 21 800,– erzielt worden. Dabei hätte der Deckungsbeitrag 46,2 % vom Erlös ausgemacht. Mit diesen 46,2 % ist das geplante Verkaufsprogramm in bezug auf Deckungsbeitrag und Erlös fixiert. Wird die Absatzmenge mit geplanten Verkaufspreisen multipliziert und das Produkt mit dem Prozentsatz des geplanten Deckungsbeitrages vom geplan-

ten Umsatz multipliziert ($m_i \times v_p \times$ % d_p), erhält man eine fiktive Grösse, die bezogen auf die abgesetzte Istmenge den Deckungsbeitrag angibt, der bei Einhaltung der geplanten Verkaufspreise und des geplanten Sortiments erreicht worden wäre.
Die Abweichung des Istdeckungsbeitrages vom Plandeckungsbeitrag infolge Programmabweichung ergibt sich, wenn von den Istmengen, bewertet zu geplanten Deckungsbeiträgen ($m_i \times d_p$) die Istmengen, bewertet zu Deckungsbeiträgen, die sich bei Einhaltung der geplanten Verkaufspreise und des Sortiments ergeben hätten ($m_i \times v_p \times$ % d_p), abgezogen werden.

Programmabweichung

Artikel	($m_i \times d_p$)	– ($m_i \times v_p \times$ % d_p)	
A	1200 × 7 = 8400	– (1200 × 12 × 0,462 =) 6650	= +1750
B	800 × 8 = 6400	– (800 × 16 × 0,462 =) 5910	= + 490
C	1700 × 4 = 6800	– (1700 × 12 × 0,462 =) 9430	= –2630
	21600 –	21990	= – 390

Zur Bestimmung der eigentlichen Verkaufsmengenabweichung wird von den Istmengen, bewertet zu Deckungsbeiträgen, die sich bei Einhaltung der geplanten Verkaufspreise und des geplanten Sortiments ergeben ($m_i \times V_p \times$ % d_p), der geplante Deckungsbeitrag ($m_p \times d_p$) abgezogen.

Mengenabweichung

Artikel	($m_i \times v_p \times$ % d_p)	– ($m_p \times d_p$)	
A	6650	– 9800	= –3150
B	5910	– 5600	= + 310
C	9430	– 6400	= +3030
	21990	–21800	= + 190

Bei der Analyse des Gesamtbetriebes bzw. der Artikelgruppen interessiert jeweils nur das Gesamtergebnis. In der bisherigen Darstellung sind die Abweichungsergebnisse für die einzelnen Artikel mit gezeigt worden, um den Gesamtzusammenhang zwischen Einzel- und Gruppenanalysen zu verdeutlichen. In der Praxis konzentriert man sich dagegen vorwiegend auf die Analyse der Gesamtergebnisse. Das ist mit weniger Rechenaufwand möglich.

IV. Erfassung und Verrechnung der Kostenabweichungen

1. Globale Rechnung

In der Grenzkostenerfolgsrechnung auf Seite 67 handelt es sich bei den Grenzkosten des Umsatzes (Zeile 6) und bei den Fixkosten (Zeile 8) um geplante Kosten. Die Istkosten weichen von den geplanten Kosten in der Regel ab, weil die Planwerte über- oder unterschritten werden:

$$\text{Istkosten} = \text{Plankosten} \pm \text{Kostenabweichungen.}$$

Damit eine mit geplanten Grenz- und Fixkosten aufgebaute Erfolgsrechnung den Istgewinn zeigen kann, müssen auch die Abweichungen mit einbezogen werden.
Am einfachsten ist die globale Ermittlung der Kostenabweichungen. Dazu wird von der Summe der in der Kontenklasse 4 erfassten Kostenarten ausgegangen. Die folgende Skizze soll verdeutlichen, wie sich diese Summe nach den hier interessierenden Positionen unterteilen lässt. In dem Schema ist vorausgesetzt, dass die Istkosten über den Plankosten liegen.

Summe der Kostenarten aus Kontenklasse 4

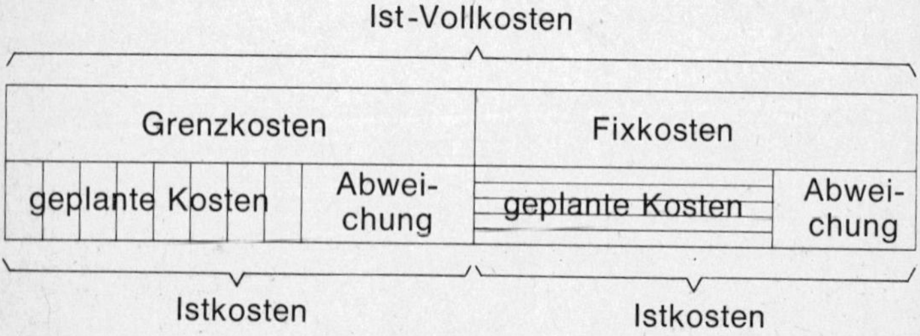

Die aus der Kontenklasse 4 übernommenen Kosten sind Istvollkosten. Durch Kostenauflösung sind die geplanten Grenz- und Fixkosten ermittelt worden. Hier ist unterstellt, dass sowohl die geplanten Grenzkosten als auch die geplanten Fixkosten im Ist überschritten worden sind. Dadurch entstandene Abweichungen sind Kostenüberschreitungen.

Werden von den Istvollkosten die geplanten Grenzkosten der hergestellten Erzeugnisse (in der Skizze senkrecht schraffiert) abgesetzt, bleiben die auf die hergestellten Erzeugnisse entfallenden Kostenabweichungen und die Istfixkosten übrig. Werden davon die geplanten Fixkosten (in der Skizze waagerecht schraffiert) abgezogen, kommt man zu den gesamten Kostenabweichungen.
Im folgenden Beispiel, das sich an die Grenzkostenerfolgsrechnung auf Seite 67 anlehnt, wird zur Vereinfachung unterstellt, dass alle in der betreffenden Abrechnungsperiode hergestellten Artikel auch abgesetzt worden sind. Die Grenzkosten der Produktion sind also gleich den Grenzkosten des Umsatzes.

Summe der Kostenarten (aus Kontenklasse 4 übernommen)	42 000,-
⁒ geplante Grenzkosten der Fertigerzeugnisse (S. 67, Zeile 6)	26 000,-
⁒ geplante Fixkosten (S. 67, Zeile 8)	14 400,-
= Kostenabweichungen	1 600,-

Mit den so ermittelten Kostenabweichungen lässt sich die mit geplanten Grenz- und Fixkosten aufgebaute Grenzkostenerfolgsrechnung auf S. 67 wie folgt ergänzen:

Netto-Erlös	44 400,-
⁒ geplante Grenzkosten des Umsatzes	26 000,-
= Deckungsbeitrag	18 400,-
⁒ geplante Fixkosten	14 400,-
= Verkaufsergebnis	4 000,-
⁒ Kostenabweichungen	1 600,-
= Betriebsergebnis	2 600,-

2. Kostenabweichungen im einzelnen

Zur Beurteilung des Betriebsgeschehens interessiert es natürlich, wie sich die Kostenabweichungen zusammensetzen.

Abweichungen bei den Kostenarten, die sich voll proportional zur Produktionsleistung verhalten, wie es häufig beim Fertigungsmaterial und Fertigungslohn der Fall ist, werden oft auf gesonderten Belegen erfasst. So wird vor allem in Betrieben des Maschinenbaues und der Elektroindustrie vorgegangen, wenn der für die Herstellung der Erzeugnisse direkt erforderliche Material- und Arbeitszeitaufwand aufgrund ingenieurmässiger Ermittlungen in Form von Standards in Stücklisten und Fertigungsplänen festgehalten worden ist. Bei Auftragserteilung an die Fertigungsabteilungen werden die standardisierten Material- und Arbeitszeitverbräuche mit Material- und Lohnverrechnungssätzen bewertet in Material- und Lohnscheinen vorgegeben. Die so vorgegebenen Kosten sind geplante Grenzkosten. Treten Überschreitungen auf, dann müssen zusätzliche Belege ausgestellt werden. Diese Kostenbelege, die die Abweichungen von den geplanten Grenzkosten beinhalten, werden mit einem Aufdruck versehen, um sie von den Belegen mit geplanten Kosten leicht trennen zu können.
Sind beispielsweise 800,– Kostenüberschreitungen beim Fertigungslohn und 200,– Kostenunterschreitungen beim Fertigungsmaterial ermittelt worden, dann kann die im obigen Beispiel aufgeführte Position Kostenabweichungen wie folgt unterteilt werden:

Kostenabweichungen Fertigungslohn	./. 800,–
Kostenabweichungen Fertigungsmaterial	+ 200,–
Übrige Kostenabweichungen	./. 1000,–
Summe Kostenabweichungen	./. 1600,–

Abweichungen können auch in Form von Ausbeuteabweichungen auftreten. Aus dem Einsatzmaterial sollen z. B. planmässig 80 % gutes Produkt gewonnen werden, tatsächlich wird aber nur eine Ausbeute von 78 % erreicht. In diesen Fällen ist es meist nicht üblich, belegmässig den Verlust vorzugeben. Durch Gegenüberstellung der geplanten und tatsächlichen Einsatz- und Ausbringungszahlen des Abrechnungszeitraumes lässt sich die Abweichung durch Sonderrechnungen leicht ermitteln. Die Abweichungsmenge ist dann noch kostenmässig zu bewerten.
In vielen Fällen wird das Fertigungsmaterial nicht zum tatsächlichen Preis, sondern zu einem vorher festgelegten Planverrechnungspreis in die Abrechnung übernommen. Die dabei auftretenden Materialpreisdifferenzen stellen ebenfalls Abweichungen zwischen den tatsächlichen und den geplanten Grenzkosten dar. Zur

Ermittlung der Materialverrechnungspreisabweichungen sind entsprechende Materialpreisdifferenzkonten zu führen, was das folgende Beispiel verdeutlichen soll.

Bestandskonto für Einsatzmaterial A
(Bestandsführung zu tatsächlichen Einstandspreisen)

Anfangsbestand		Abgang	
300 kg zu 2,833 =	850,-	1000 kg zu 3,20 =	3200,-
Zugang		Schlussbestand	
1100 kg zu 3,30 =	3630,-	400 kg zu 3,20 =	1280,-
	4480,-		4480,-

Materialpreisdifferenzkonto für Einsatzmaterial A

Verbrauch zu tatsächlichen Einstandspreisen		Verbrauch zu geplanten Einstandspreisen	
1000 kg zu 3,20 =	3200,-	1000 kg zu 3,40 =	3400,-
Materialpreisabweichung			
1000 kg zu -,20 =	200,-		
	3400,-		3400,-

Zum Beginn des Abrechnungsmonats befanden sich 300 kg des Produktes A zu rund 2,833 auf Lager. Der Zugang betrug 1100 kg für 3630,-. Aus Anfangsbestand und Zugang wurde der durchschnittliche Preis je kg mit 3,20 ermittelt. Der tatsächliche Verbrauch von 1000 kg zum tatsächlichen Einstandspreis wurde dem Materialpreisdifferenzkonto belastet. Bei der Ermittlung der geplanten Grenzkosten wurde das Material A mit 3,40/kg eingesetzt. Die Belastung des Materialverbrauchskontos in der Kontenklasse 4 erfolgt zum geplanten Einstandspreis. Die Materialpreisabweichung von 200,- kann unter den Abweichungen der Grenzkostenerfolgsrechnung gesondert aufgeführt werden.

Wird die Kostenstellenrechnung im Soll-Ist-Vergleich geführt, dann lassen sich auch die auf die Gemeinkosten entfallenden Abweichungen ermitteln und gesondert ausweisen.

Wollte man die Abweichungen, die auf die Grenzkosten entfallen, verursachungsgemäss verrechnen, wären sie unter den einzelnen Artikeln auszuweisen. Diese Art der Verrechnung verursacht bei komplizierter Fertigung einen grossen Verrechnungsaufwand. Ausserdem wäre damit die richtige zeitliche Zuordnung noch nicht erreicht. Die Abweichungen betreffen nämlich die Produktion des

Abrechnungsmonats, während der Absatz dieser Produktion meist erst in einer späteren Abrechnungsperiode erfolgt.
Ein weiterer Grund, die Abweichungen nicht auf Erzeugnisse zu verrechnen, besteht darin, dass die Deckungsbeiträge das Absatzergebnis zeigen sollen. Einflüsse der Produktion, die sich durch Abweichungen zeigen, sollen eliminiert werden. Das ist nur möglich, wenn das Absatzergebnis mit geplanten Grenzkosten ermittelt wird, die für längere Zeit beibehalten werden.
Aus den angeführten Gründen empfiehlt es sich, die Abweichungen – wie in den vorhergehenden Beispielen bereits gezeigt – im Abrechnungszeitraum ihres Anfalls unter den Fixkosten auszuweisen.

V. Bestandsbewertung

1. Der Vorzug der Bewertung zu Grenzkosten

Ist die Produktion höher als der Absatz, dann wird die über den Absatz hinausgehende Produktion zu Herstellkosten aktiviert. Bei Vollkostenrechnung werden auch die zu den Herstellkosten gehörigen Fixkosten bei der Aktivierung berücksichtigt. Abrechnungsmässig wird durch die Aktivierung von Fixkosten eine Ergebnisverbesserung vorgetäuscht. Erst wenn der Absatz über der Produktion liegt, wenn also die Bestände an Fertigerzeugnissen wieder abgebaut werden, wirken die vorher aktivierten Fixkosten ergebnisverschlechternd.
Durch die Aktivierung von Fixkosten im Rahmen der Vollkostenrechnung, wie sie bei steuerlicher Bewertung im Prinzip angewendet wird, werden praktisch die Dinge auf den Kopf gestellt, denn der Gewinn wird nicht schon bei der Produktion, sondern erst beim Absatz realisiert. Bei der Deckungsbeitragsrechnung tritt diese Ergebnisverzerrung nicht ein. Liegt die Produktion über dem Absatz, wird der Bestandszugang zu Grenzkosten aktiviert, alle Fixkosten der betreffenden Abrechnungsperiode werden dagegen in das Ergebnis einbezogen. Das entspricht einer verursachungs-

gerechten Kostenverrechnung. Die durch die Produktion verursachten Kosten sind ja die Grenzkosten. Wird ein Teil dieser Produktion auf Lager genommen, muss der entsprechende Teil der Grenzkosten auch aktiviert werden. Anders verhält es sich bei den Fixkosten. Das sind bekanntlich die Kosten, die mit der Erzeugung in keinem direkten Zusammenhang stehen und überwiegend kalenderzeitabhängig anfallen. Sie sind deshalb auch unabhängig von der Produktionshöhe in das Ergebnis einzubeziehen.

2. Bewertungsbeispiel

Das folgende Beispiel soll den Einfluss unterschiedlicher Bestandsbewertung bei konventioneller Ergebnisrechnung (Vollkostenrechnung) und Deckungsbeitragsrechnung (Grenzkostenrechnung) auf den Ergebnisausweis verdeutlichen. Dabei wird von folgenden Erlösen und Kosten ausgegangen:

Erlös je Stück	500,-
Grenzkosten je Stück	220,-
Fixe Herstellkosten	20000,-
Verwaltungs- und Vertriebskosten (voll fix)	4000,-

Ergebnisrechnung bei Vollkostenrechnung
(konventionelle Ergebnisrechung)

Abrechnungsperiode	I	II	III	Summe
Produktion in Stück	100	120	80	300
Absatz in Stück	100	80	120	300
Erlös	50000,-	40000,-	60000,-	150000,-
⁒ Herstellkosten der abgesetzten Erzeugnisse	42000,-	30930,-	53070,-	126000,-
⁒ Verwaltungs- und Vertriebskosten	4000,-	4000,-	4000,-	12000,-
Ergebnis	+ 4000,-	+ 5070,-	+ 3930,-	12000,-
Bestandsveränderung		+ 15470,-	– 15470,-	

In der ersten Abrechnungsperiode decken sich Produktion und Absatz und damit auch die Herstellkosten der erzeugten abgesetzten Erzeugnisse. Sie betragen
100 × 220,- + 20000,- = 42000,-.

In der zweiten Abrechnungsperiode wurden 120 Stück produziert, aber nur 80 davon abgesetzt, 40 gingen auf Lager. Die Herstellkosten der Produktion betrugen

120 × 220,– + 20000,– = 46.400,– = 386,67/Stück
80 × 386,67 = 39930,– Herstellkosten des Absatzes
40 × 386,67 = 15470,– Herstellkosten des Lagerzuganges.

In der dritten Abrechnungsperiode wurden nur 80 Stück produziert, aber 120 Stück abgesetzt. Der höhere Absatz war durch Auflösung des Lagerbestandes möglich. Die Herstellkosten der Produktion betrugen

80 × 220,– + 20000,– = 37600,–.

Die Herstellkosten des Absatzes setzen sich in dieser Abrechnungsperiode zusammen aus den Herstellkosten der Produktion für 80 Stück und den Herstellkosten des Lagerbestandes für 40 Stück.

37600,– Herstellkosten der Produktion
15470,– Herstellkosten des Lagerbestandes
53070,– Herstellkosten des Absatzes

Ergebnisrechnung bei Grenzkostenrechnung
(Deckungsbeitragsrechnung)

Abrechnungsperiode	I	II	III	Summe
Produktion in Stück	100	120	80	300
Absatz in Stück	100	80	120	300
Erlös	50000,–	40000,–	60000,–	150000,–
⁒ Grenzkosten der abgesetzten Erzeugnisse	22000,–	17600,–	26400,–	66000,–
= Deckungsbeitrag	28000,–	22400,–	33600,–	84000,–
⁒ Fixkosten	24000,–	24000,–	24000,–	72000,–
= Ergebnis	+ 4000,–	– 1600,–	+ 9600,–	+ 12000,–
Bestandsveränderung		+ 8800,–	– 8800,–	

	I	II	III	Summe
Ergebnis bei Vollkostenrechnung	+ 4000,–	+ 5070,–	+ 3090,–	12000,–
Ergebnis bei Grenzkostenrechnung	+ 4000,–	– 1600,–	+ 9600,–	12000,–

In der zweiten Abrechnungsperiode lag die Produktion über dem Absatz. Ein Teil der Produktion musste deshalb auf Lager genommen werden. Bei Vollkostenrechnung werden dabei auch die anteiligen Fixkosten mit aktiviert. Das hat zur Folge, dass bei der Rechnung

Erlöse
⁒ Vollkosten der abgesetzten Erzeugnisse
= Ergebnis

die Vollkosten der abgesetzten Erzeugnisse um den Teil der Fixkosten niedriger ausfallen, der aktiviert worden ist, wodurch sich das Ergebnis um den gleichen Betrag verbessert. Die fixen Herstellkosten (20000,–) gingen für 80 Stück = 13300,– in die Herstellkosten des Absatzes und für 40 Stück = 6670,– in den Bestand. Um diese 6670,– wird das Ergebnis bei Vollkostenrechnung besser ausgewiesen als bei Grenzkostenrechnung.
Mit dieser Fixkostenverschiebung wird das schlechtere Absatzergebnis sogar noch überdeckt. Im Vergleich zur ersten Abrechnungsperiode wurden 10000,– weniger erlöst. Dennoch täuscht die Abrechnung ein um 1070,– besseres Ergebnis vor.
In der dritten Abrechnungsperiode wurde der grösste Absatz erzielt. Dass bei Vollkostenrechnung das Ergebnis dieser Abrechnungsperiode im Vergleich zu den vorhergehenden Abrechnungsperioden das schlechteste ist, rührt daher, dass durch den Bestandsabbau diese Abrechnungsperiode mit 6670,– fixen Herstellkosten, die aus der zweiten Abrechnungsperiode stammen, belastet wird.
Es bedarf wohl keiner weiteren Nachweise, dass die Vollkostenrechnung bei Bestandsschwankungen nicht in der Lage ist, die Kosten den einzelnen Abrechnungsperioden verursachungsgerecht zuzuordnen.
Leider ist es so, dass der Gesetzgeber dazu zwingt, anteilige fixe Herstellkosten zu aktivieren. Die mit der Steuerbilanz korrespondierende Ergebnisrechnung muss deshalb mit Vollkosten geführt werden.

VI. Deckungsbeitragsrechnungen nach Artikeln, Kunden und Verkaufsgebieten

1. Notwendigkeit

Die Artikelerfolgsrechnung zeigt für den einzelnen Artikel nur Durchschnittserlöse. Für die Analyse des Verkaufsergebnisses reicht das nicht aus. Es interessiert, wie die Erlöse bei den einzelnen Kunden vom Durchschnitt abweichen, wie sich der Deckungsbeitrag nach Verkaufsgebieten und Abnehmergruppen zusammensetzt und wie sich der Deckungsbeitrag auf Vertreter aufteilt. Kurz, die vielfältigen Umsatzstatistiken, die bei Anwendung der Vollkostenrechnung geführt werden, sind um die damit verbundenen Deckungsbeiträge zu erweitern, weil es nicht um die Ausweitung des Absatzes, sondern um die Maximierung des Deckungsbeitrages geht.
In der Mehrzahl der Fälle sind die Grenzkosten je Erzeugnis für die verschiedenen Abnehmer gleich hoch. Selbst die Frachten werden häufig mit Durchschnittswerten gerechnet. Was von Abnehmer zu Abnehmer schwankt, ist der Erlös, weil unterschiedliche Konditionen gewährt werden. Das hat zur Folge, dass auch der Deckungsbeitrag je Erzeugniseinheit von Abnehmer zu Abnehmer schwanken kann.

2. Beispiele

Die für die Erstellung der Deckungsbeitragsstatistiken erforderlichen Daten können aus den Unterlagen der Verkaufsabrechnung entwickelt werden, wenn bei der Fakturierung je Artikel folgende Daten erfasst werden: Artikelnummer, Kunde, Abnehmergruppe, verkaufte Menge, Erlös, Grenzkosten, Verkäufer, Verkaufsgebiet.
Bei EDV-Einsatz lassen sich die folgenden Deckungsbeitragsstatistiken ohne viel Mühe gewinnen.

Deckungsbeitragsrechnung des Artikels A nach Kunden

Abnehmer	Absatz in kg	Erlös	Grenz-kosten	Deckungs-beitrag	Deckungs-beitrag in % v. Erlös
Müller & Co	50	800,-	250,-	550,-	68,8
Mürenberg & Sohn	300	2 900,-	1 500,-	1 400,-	48,3
Hausa AG	500	4 200,-	2 500,-	1 700,-	40,4
Nordwerke	200	2 600,-	1 000,-	1 600,-	61,5
Gabawerke	150	1 500,-	750,-	750,-	50,0
	1200	12 000,-	6 000,-	6 000,-	50,0
		10,-/kg	5,-/kg	5,-/kg	

In dieser Tabelle sind die den Artikel A betreffenden Verkäufe nach Kunden zusammengefasst. Mit steigender Abnehmerzahl wird diese Tabelle für Auswertungszwecke unübersichtlicher. Es empfiehlt sich dann, Abnehmer kleiner Mengen zu Gruppen zusammenzufassen.

Während die Artikelerfolgsrechnung nur Durchschnittswerte zeigt, ist aus der Deckungsbeitragsrechnung des Artikels zu erkennen, wie sich dieser Durchschnittswert aus Einzelwerten zusammensetzt. Der Abnehmer mit dem höchsten Umsatz bringt wohl den grössten Deckungsbeitrag. Der dazugehörige Prozentsatz des Deckungsbeitrages vom Umsatz zeigt jedoch, dass dieser Kunde, bezogen auf den Umsatz, am wenigsten zum Deckungsbeitrag beiträgt. Im Vergleich zu den anderen Abnehmern ist hier das grösste Preiszugeständnis gemacht worden.

Beim ersten Abnehmer ist zu prüfen, ob bei Preisnachlässen überproportionale Abnahmen zu erwarten sind.

Im Zusammenhang mit dem Soll-Ist-Vergleich der Deckungsbeitragsrechnung dient diese Tabelle einerseits der Begründung der Abweichungen zwischen Soll und Ist, andererseits der Erarbeitung künftiger Planzahlen.

Der mengenmässige Absatz muss mit dem Lagerabsatz übereinstimmen. Die Endwerte dieser Tabelle finden sich in der Artikelerfolgsrechnung (siehe Seite 67) wieder.

In der Deckungsbeitragsrechnung nach Artikeln und Kunden (siehe S. 93) ist der Inhalt der einzelnen Deckungsbeitragsrechnungen nach Kunden je Artikel (siehe S. 91) in verkürzter Form wiedergegeben. Ist das Absatzsortiment sehr gross, dann bereitet es Schwierigkeiten, eine solche Tabelle in übersichtlicher Form zu

erstellen. An die Stelle einer Tabelle treten dann Einzelaufstellungen je Kunde. Schliesslich können geringe Abnahmen bei einzelnen Artikeln zusammengefasst werden. In diesen Fällen wird dann nur der Summenteil der Tabelle für die Abnehmer erstellt.
Die starken Schwankungen im Deckungsgrad zwischen den einzelnen Abnehmern sind einmal darauf zurückzuführen, dass das Verhältnis in den abgenommenen Artikeln schwankt, zum anderen darauf, dass den einzelnen Abnehmern unterschiedliche Konditionen gewährt werden.
Für die Kundenpflege und Marktstrategie empfiehlt sich eine Aufstellung, die die Kunden in der Reihenfolge der mit ihnen erstellten Deckungsbeiträge zeigt. Eine solche Aufstellung in der folgenden Kunden-Favoriten-Übersicht nach Deckungsbeiträgen zeigt je Kunde auch den prozentualen Anteil am gesamten Deckungsbeitrag:

Deckungsbeitragsrechnung nach Artikeln und Kunden

Artikel / Abnehmer	Summe			A			B			C		
	Erlös	Deckungsbeitrag	DB in % v. Erlös	Erlös	Deckungsbeitrag	DB in % v. Erlös	Erlös	Deckungsbeitrag	DB in % v. Erlös	Erlös	Deckungsbeitrag	DB in % v. Erlös
Müller & Co	2 700,-	1 300,-	48,1	800,-	550,-	68,8	1 000,-	400,-	40,0	900,-	350,-	38,9
Nord GmbH	6 300,-	2 480,-	39,4	-	-	-	700,-	380,-	54,3	5 600,-	2100,-	37,5
Mürenberg & Sohn	3 300,-	1 560,-	47,3	2 900,-	1400,-	48,3	400,-	160,-	40,0	-	-	-
Hausa AG	9 100,-	3 370,-	37,0	4 200,-	1700,-	40,5	3 000,-	1100,-	36,7	1 900,-	570,-	30,0
Teka-Verkauf	9 000,-	3 400,-	37,8	-	-	-	3 000,-	1600,-	53,3	6 000,-	1800,-	30,0
Sieber & Vogel	1 800,-	860,-	47,8	-	-	-	600,-	360,-	60,0	1 200,-	500,-	41,7
Nordwerke	4 200,-	2 300,-	54,8	2 600,-	1600,-	61,5	800,-	400,-	50,0	800,-	300,-	37,5
Gabawerke	1 500,-	750,-	50,0	1 500,-	750,-	50,0	-	-	-	-	-	-
Hinze & Co	6 500,-	2 380,-	36,6	-	-	-	2 500,-	1200,-	48,0	4 000,-	1180,-	29,5
	44 400,-	18 400,-	41,4	12 000,-	6000,-	50,0	12 000,-	5600,-		20 400,-	6800,-	33,3

Abnehmer-Favoriten-Übersicht nach Deckungsbeiträgen

Abnehmer	Erlös	Deckungsbeitrag	Deckungsbeitrag in % v. Erlös	%ualer Anteil an Deckungsbeitrag
Teka-Verkauf	9000,-	3400,-	37,8	18,5
Hausa AG	9100,-	3370,-	37,0	18,3
Nord GmbH	6300,-	2480,-	39,4	13,5
Hinze & Co.	6500,-	2380,-	36,6	12,9
Nordwerke	4200,-	2300,-	54,8	12,5
Mürenberg & Sohn	3300,-	1560,-	47,3	8,5
Müller & Co.	2700,-	1300,-	48,1	7,1
Sieber & Vogel	1800,-	860,-	47,8	4,7
Gaba Werke	1500,-	750,-	50,0	4,1
	44400,-	18400,-	41,4	103,0

Zur Beurteilung des Vertretereinsatzes interessiert der durch die Vertreter erzielte Umsatz und Deckungsbeitrag. In vielen Unternehmen ist es noch üblich, die Vertreterprovision nach Umsatz zu zahlen. Das kann zur Folge haben, dass Umsatz um jeden Preis und damit Umsatz zu Lasten des Deckungsbeitrages gemacht wird.
Im vorliegenden Beispiel beträgt die Vertreterprovision 5 % vom Umsatz. Daneben ist die Gesamtprovision nach erzielten Deckungsbeiträgen aufgeteilt worden.
Vertreter Kunze erhält in jedem Fall die höhere Provision, da er sowohl den grösseren Umsatz als auch den grösseren Deckungsbeitrag erreicht hat. Bei der Provisionsaufteilung nach Deckungsbeiträgen schneidet Vertreter Friedrich besser ab als nach der Aufteilung nach Vertreterumsatz, weil er, bezogen auf den Umsatz, den höheren Deckungsbeitrag erreicht hat.

Umsatz, Deckungsbeitrag und Provision nach Vertretern

Vertreter	Umsatz	Deckungsbeitrag	Deckungsbeitrag in % v. Umsatz	Provision nach Umsatz	Provision nach Deckungsbeitrag
Kunze	30900,-	11630,-	37,6	1545,-	780,-
Friedrich	13500,-	6770,-	50,1	575,-	1340,-
Summe	44400,-	18400,-	41,5	2120,-	2120,-

E. Deckungsbeitragsrechnung und Preisermittlung

I. Bestimmung von Angebotspreisen

Extreme Vertreter der Vollkostenrechnung sehen eine Hauptaufgabe der Kostenrechnung in der Festsetzung von Angebotspreisen. Sie ermitteln den Angebotspreis aus den Selbstkosten der Erzeugnisse und schlagen diesen einen Gewinn zu.

Fertigungsmaterial	120,–
Fertigungslohn	80,–
Fertigungseinzelkosten	200,–
+ 250 % Fertigungsgemeinkosten (bezogen auf den Lohn)	200,–
= Herstellkosten	400,–
+ 50 % Verwaltungs- und Vertriebskosten (bezogen auf die Herstellkosten)	200,–
= Selbstkosten	600,–
+ 10 % Gewinn (bezogen auf die Selbstkosten)	60,–
= Angebotspreis	660,–

Eine solche Angebotspreisbildung ist richtig, wenn mit dem Abnehmer vereinbart wurde, dass die Preisbildung auf Kostenbasis erfolgen soll. Bei öffentlichen Aufträgen ist sie üblich.
Welche Bedeutung ist ihr aber beizumessen, wenn diese Voraussetzungen nicht gegeben sind? Die Vertreter dieser Angebotspreiskalkulation argumentieren, dass der Betrieb langfristig die vollen Kosten decken und Gewinn erzielen müsse, und deshalb sei es erforderlich, dass jedes neue anzubietende Erzeugnis diese Bedingungen erfüllt.
Gegen diese Auffassung ist zunächst einzuwenden, dass die Festsetzung des Gewinnzuschlages für ein bestimmtes Erzeugnis voraussetzt, dass man weiss, welcher Angebotspreis durchsetzbar

ist. Die Höhe des zweckmässigen Gewinnzuschlages lässt sich jedenfalls nicht aus dem Rechnungswesen ableiten.
Weiter ist einzuwenden, dass aus dem betrieblichen Erfordernis, zumindest langfristig die vollen Kosten zu decken, keineswegs abgeleitet werden kann, dass auch bei jedem Einzelerzeugnis Vollkostendeckung erzielt werden muss. Es kann sein, dass der Betrieb in seinem Sortiment zur Förderung des Gesamtabsatzes einige Erzeugnisse führen muss, deren Preise die vollen Kosten nicht dekken. Würde der Betrieb auf sie verzichten, wäre mit Absatzeinbussen bei den anderen Erzeugnissen zu rechnen, wodurch die Vollkostendeckung des gesamten Betriebes gefährdet würde.
Besteht der Zwang zur Vervollständigung des Absatzsortiments nicht, dann sollten neue Artikel natürlich nur dann angeboten werden, wenn die zu erwartenden Erlöse mindestens die Grenzkosten und angemessene Teile der Fixkosten decken.
Hier wird schon deutlich, dass die Kostenrechnung für Angebotspreise Unterlagen bereitstellen kann, die Anhaltspunkte über die anzustrebende Höhe des Angebotspreises liefern, sie kann ihn aber nicht bestimmen.
Auch wenn für neu aufzunehmende Produkte noch keine Marktpreise vorliegen, ist für die Bestimmung des Angebotspreises die Verkaufsstrategie entscheidend. Der Verkauf muss prüfen, ob es sinnvoll ist, zunächst hohe Angebotspreise zu fordern und diese später zu senken oder ob zunächst mit niedrigen Angebotspreisen in den Markt gegangen werden soll, die auch bei Absatzausweitung erhalten werden. Eine wichtige Grundlage für diese Entscheidung ist die Kenntnis der langfristig zu deckenden Kosten.
Extreme Vertreter der Grenzkostenrechnung weisen darauf hin, dass die Fixkosten den Erzeugnissen nicht verursachungsgerecht zugeordnet werden können und dass die Vollkosten eines Erzeugnisses für die Preisfindung deshalb ungeeignet seien. Ein weiteres Argument ist, dass sich für die meisten Produkte der Preis am Markt bildet und dass es dabei gleichgültig sei, wieviel Fixkosten auf das Produkt entfallen.
Es wird nicht bestritten, dass der Preis keine Funktion der Kosten ist. Aber auch wenn man darüber hinaus anerkennt, dass nicht jedes Produkt im Preis die vollen Kosten decken muss, ist es doch erforderlich zu wissen, wie man bei den einzelnen Erzeugnissen kostenmässig liegt.
Zweifellos lassen sich die Fixkosten nicht verursachungsgemäss den Erzeugnissen zurechnen, weil sie – wie es die Bezeichnung

schon zum Ausdruck bringt – unabhängig von der Herstellung des Erzeugnisses entstehen. Bei Preisvorschlägen, die zunächst der Verkauf machen muss, lässt sich aber im Rahmen der Fixkostendeckungsrechnung feststellen, in welchem Masse der angestrebte Preis zur Deckung der Grenzkosten und der einzelnen Gruppen der Fixkosten beiträgt. Durch Vergleich mit anderen bereits gefertigten Produkten kann schliesslich eine Kalkulation des Angebotspreises auf der Basis von Grenzkosten und Soll-Deckungsbeiträgen erfolgen. Nur muss man sich eben darüber im klaren sein, dass diese Kalkulation eine Entscheidungshilfe für den Verkauf und nicht der unumstössliche Angebotspreis ist.

In der Fixkostendeckungsrechnung auf S. 62/63 macht der Dekkungsbeitrag des Gesamtbetriebes vom Erlös 45,6 % aus. Zur Verbesserung des Ergebnisses wird im Durchschnitt ein Soll-Dekkungsbeitrag von 48 % angestrebt. Ein neu anzubietendes Produkt hat Grenzkosten von 300,–/Stück. Der erste Vorschlag für das Nettoerlösziel bei einem Soll-Deckungsbeitrag von 48 % lautet 300,– : 52 % = 577,–. Der Soll-Deckungsbeitrag beträgt dann 277,–.

Handelt es sich um ein Erzeugnis des Werksbereichs 1, wird man den Soll-Deckungsbeitrag weiter anheben, weil bei den Erzeugnissen dieses Werksbereiches die Deckungsbeiträge bereits 50,3 % vom Erlös ausmachen (siehe S. 62, Zeile 8, Spalte 7). Man könnte dann zunächst einmal mit einem Soll-Deckungsbeitrag von 53 % rechnen. Für die weiteren Preisüberlegungen ist dann von einem Angebotspreis von 300,– : 47 % = 638,– auszugehen.

Das durchschnittliche Deckungsziel wird von einigen Produkten überschritten, einige erreichen es nicht. Die errechneten 638,– sind deshalb nur ein ganz grober Anhaltspunkt.

Jetzt sind die bei unterschiedlichen Absatzmengen erzielbaren Preise zu berücksichtigen. Der Verkauf schätzt, dass bei einem Angebotspreis von 638,– monatlich 10 Stück absetzbar sind, während bei einem Preis von 600,–/Stück je Monat 15 Stück verkauft werden können. In diesem Fall führt der niedrige Angebotspreis zum höheren Deckungsbeitrag.

Ein praktisches Beispiel soll die Überlegungen, die bei der Preisfindung für neue Erzeugnisse anzustellen sind, verdeutlichen. Ein kunststoffverarbeitender Betrieb beabsichtigt, ein neues Erzeugnis auf den Markt zu bringen, dessen Grenzkosten 8,–/Stück betragen. Es wird davon ausgegangen, dass dieses Erzeugnis nach Einführung 3 Jahre lang im Markt bleiben kann. In dieser Zeit werden die Absatzmöglichkeiten wie folgt geschätzt: 60000 Stück bei einem Stückpreis von 24,–, 100000 Stück bei einem Stückpreis von 20,– und 110000 Stück bei einem Stückpreis von 16,–. Bei diesen 3 Varianten ergeben sich folgende Deckungsbeiträge:

Erlös/Stück	16,–	20,–	24,–
Grenzkosten/Stück	8,–	8,–	8,–
Deckungsbeitrag/Stück	8,–	12,–	16,–
Absatzmenge in 3 Jahren	110000	100000	60000
Deckungsbeitrag	880000,–	1200000,–	960000,–

Der grösste Deckungsbeitrag ist also zu erwarten, wenn es gelingt, 100000 Stück zu einem Stückpreis von 20,– abzusetzen.
Entschliesst man sich zur Produktionsaufnahme, ist mit folgenden Fixkosten in der Dreijahresperiode zu rechnen:

Erzeugnisfixkosten	
Formkosten	60000,–
Rüstkosten	15000,–
Werbung	30000,–
Kostenstellenfixkosten	
Spritzerei	60000,–
Schweisserei	30000,–
Bereichsfixkosten	
Absatz und Vertrieb	100000,–
Werbung	20000,–
	315000,–

Bei den 30000,– Werbekosten unter den Erzeugnisfixkosten handelt es sich um eine speziell für den Absatz des in Frage stehenden Erzeugnisses vorgesehene Werbeaktion. Der allgemeine Werbeetat des Unternehmens soll zugunsten des neuen Erzeugnisses um 20000,– erhöht werden. Dieser Betrag ist unter den Bereichsfixkosten ausgewiesen.
In den Abteilungen Spritzerei und Schweisserei müssen bei Produktionsaufnahme Umbauten vorgenommen werden, und es ist auch zusätzliches Hilfspersonal erforderlich.
Bei den Bereichsfixkosten für Absatz und Vertrieb handelt es sich um Kosten der Lager- und Versanderweiterung.
Alle aufgeführten Fixkosten entstehen zusätzlich, wenn das Erzeugnis in die Produktion aufgenommen wird. Sie sind unter Berücksichtigung zu erwartender Kostensteigerung für den Zeitraum

von 3 Jahren berechnet worden und müssen aus dem zu erwartenden Deckungsbeitrag gedeckt werden.

II. Bestimmung von Preisuntergrenzen

1. Bestimmungsfaktoren im allgemeinen

Für viele Erzeugnisse bildet sich der Preis am Markt. Der Verkäufer kommt nur zum Zuge, wenn er zum Marktpreis oder – bei scharfer Konkurrenz – darunter anbietet. In diesen Fällen muss geprüft werden, ob es zweckmässig ist, für den erzielbaren Preis zu produzieren oder den Auftrag abzulehnen.
Zur Entscheidung dieser Frage ist die Preisuntergrenze zu ermitteln. Die Preisuntergrenze ist der Preis für ein Produkt, der ohne Schaden für das Unternehmen nicht unterschritten werden darf. Wo immer das Problem der Preisuntergrenze auftritt, ist es mit der Frage nach dem Zeitraum, für den sie gelten soll, verbunden.
Für die meisten Betriebe kann unterstellt werden, dass ihnen das erwerbswirtschaftliche Prinzip zugrunde liegt; sie sollen – zumindest langfristig betrachtet – die Kosten decken und Gewinn erwirtschaften. Unter diesem Gesichtspunkt ist – wiederum langfristig betrachtet – die Preisuntergrenze durch die Höhe der zu dekkenden Kosten bestimmt. Eindeutig kann diese langfristige Preisuntergrenze nur in Einproduktbetrieben bestimmt werden, weil bei Herstellung verschiedener Erzeugnisse die Zuordnung der Fixkosten zu den einzelnen Erzeugnissen problematisch ist.
Die Frage nach der langfristigen Preisuntergrenze wird vor allem bei Neueinrichtung von Betrieben oder Betriebsteilen gestellt. Langfristig – d.h. hier für die beabsichtigte Mindestzeit der Aufrechterhaltung des Betriebes – müssen die Preise der abgesetzten Erzeugnisse mindestens alle zu erwartenden Kosten decken.
Bei bereits bestehenden Betrieben ist die kurzfristige Preisuntergrenze die interessanteste Grösse. Die mit der Betriebsbereitschaft verbundenen Fixkosten entstehen ja unabhängig davon, ob einige Produkteinheiten mehr oder weniger erzeugt und abgesetzt

werden. Kurzfristig kann es deshalb für den Betrieb günstiger sein, auch einen Auftrag durchzuführen, der nicht die vollen Kosten deckt, weil bei Nichtdurchführung des Auftrages die Fixkosten auch anfallen. Es ist natürlich keine Frage, dass die Substanz des Betriebes angegriffen wird, wenn bei allen Erzeugnissen die vollen Kosten nicht gedeckt werden und das um so mehr, je länger dieser Zustand anhält. Meist geht es aber nur darum, bei einzelnen Erzeugnissen aus Marktgründen vorübergehend auf die Preisuntergrenze herunterzugehen, und das kann langfristig betrachtet für den Betrieb von Vorteil sein.
Die durch Kostenüberlegungen bestimmte Preisuntergrenze wird auch als ergebniswirksame Preisuntergrenze bezeichnet. Daneben kann auch die liquiditätswirksame Preisuntergrenze von Bedeutung sein. Bei ihr handelt es sich um die Grösse, die eingehalten werden muss, um die Zahlungsfähigkeit des Betriebes zu gewährleisten. Die ergebniswirksame Preisuntergrenze und die liquiditätswirksame Preisuntergrenze müssen sich nicht decken. Wenn beispielsweise ein grosser Einsatzmaterial-Bestand vorhanden ist, dann kann der Betrieb vorübergehend zu einem Preis verkaufen, der weder die Fixkosten noch das Einsatzmaterial deckt, ohne in Zahlungsschwierigkeiten zu kommen. In diesem Fall ist die liquiditätswirksame Preisuntergrenze niedriger als die ergebniswirksame Preisuntergrenze. Beide Preisuntergrenzen müssen nicht identisch sein, weil die ergebniswirksame Preisuntergrenze aus einer zeitraumbezogenen Aufwands- und Ertragsrechnung abgeleitet wird, während für die liquiditätswirksame Preisuntergrenze zeitpunktbezogene Ein- und Auszahlungen massgebend sind.
In den folgenden Ausführungen wird nur auf die Ermittlung ergebniswirksamer Preisuntergrenzen eingegangen.

2. Preisuntergrenze für Zusatzaufträge bei Aufrechterhaltung der vorhandenen Kapazität

a) Bei ungenügender Kapazitätsauslastung

Häufig entdeckt der Verkauf ausserhalb des sonst von ihm bearbeiteten Marktes Möglichkeiten für Zusatzgeschäfte, die kurzfristig wahrgenommen werden können, aber im Erlös schlechter als

die üblichen Geschäfte liegen. Welche Preiszugeständnisse für solche Zusatzaufträge darf er machen?
Wenn der Betrieb noch über freie Kapazitäten verfügt, seinen übrigen Absatzverpflichtungen also ohne weiteres nachkommen kann und Preiszugeständnisse beim Zusatzauftrag die Erlöse bei den anderen Geschäften nicht beeinträchtigen, dann führt jeder Preis für den Zusatzauftrag zu einem Deckungsbeitrag und damit zu einer Ergebnisverbesserung, der über den Grenzkosten des Zusatzauftrages liegt. Die Preisuntergrenze wird unter diesen Bedingungen durch die Grenzkosten bestimmt.

Preisuntergrenze = Grenzkosten

Die durch die Grenzkosten bestimmte Preisuntergrenze wird auch als absolute Preisuntergrenze bezeichnet, weil bei weiterem Preisrückgang eine Ergebnisverschlechterung eintritt gegenüber dem Zustand bei Nichtausführung des Zusatzgeschäftes. Eine andere Bezeichnung lautet ergebnisneutrale Preisuntergrenze, womit zum Ausdruck kommen soll, dass bei ihrer Einhaltung weder ein positives noch negatives Ergebnis entsteht.
Sind in die Grenzkosten Positionen einzubeziehen, die von der Höhe des Verkaufspreises abhängen, wie z. B. Umsatzprovisionen, dann ist die angeführte Gleichung durch den Faktor

$$\frac{1}{1-\frac{U}{100}}$$

zu ergänzen.

Beispiel:
Die im Betrieb durch einen Zusatzauftrag entstehenden Grenzkosten betragen 10,–/Stück. Kommt der Auftrag zustande, sind 8 % Verkaufsprovision zu zahlen.

$$\text{Preisuntergrenze} = 10{,}00 \times \frac{1}{1-\frac{8}{100}} = 10{,}87/\text{Stück.}$$

Die Hereinnahme von Zusatzaufträgen, die unter dem sonst gewohnten Erlösniveau liegen, ist nicht unproblematisch, weil sich der Verkauf so in Zeiten schwacher Beschäftigung mit dem niedrigeren Preisniveau festfahren kann und es später dann schwierig ist, auf das gewohnte Preisniveau wieder anzuheben. Bei Füllaufträgen und Lohnarbeitsaufträgen, die der Betrieb zur besseren

Kapazitätsauslastung durchführt, ist diese Gefahr oft nicht so gross, weil sie das normale Geschäft nicht so sehr tangieren.
Unterschiedliche Preisstellung für Hauptmenge und Zusatzmenge ist nur dann erfolgreich durchführbar, wenn es gelingt, die Märkte so voneinander abzugrenzen, dass die Nachfrager des Marktes der Hauptmenge nicht auf dem Markt für die Teilmenge auftreten.
Wie ist aber die Preisuntergrenze zu bestimmen, wenn das zu niedrigen Preisen durchgeführte Zusatzgeschäft zu Erlöseinbussen beim Hauptgeschäft führt?
Dann muss der Zusatzauftrag ausser den Grenzkosten auch die zu erwartenden Erlöseinbussen beim Hauptgeschäft decken.

Preisuntergrenze des Zusatzauftrages = Grenzkosten des Zusatzauftrages + Erlösausfall bei anderen Aufträgen

Beispiel:
Bei Annahme eines Zusatzauftrages ist bei anderen Aufträgen mit einem Erlös von 10000,– mit Preisnachlässen von 10 % zu rechnen. Die Grenzkosten des Zusatzauftrages über 5000 Stück belaufen sich auf 6000,–.

Preisuntergrenze des Zusatzauftrages = 6000 + 1000 = 7000,–

$$\text{Preisuntergrenze je Stück} = 12 + \frac{1000}{500} = 14,–$$

Wenn der Zusatzauftrag über längere Zeit zu Preisnachlässen bei anderen Erzeugnissen führt, dann ist der für einen überschaubaren Zeitraum zu erwartende Preisrückgang bei der Bestimmung der Preisuntergrenze zu berücksichtigen.

b) Bei voller Kapazitätsauslastung

Übersteigen die Produktionsmöglichkeiten die Absatzmöglichkeiten, haben die Deckungsbeiträge für Produktionsentscheidungen über Zusatzaufträge nur untergeordnete Bedeutung, weil jeder Zusatzauftrag, dessen Erlös über den Grenzkosten liegt, zu Ergebnisverbesserungen führt. Sobald dagegen ein Betriebsbereich zum Engpass wird, ist bei der Beurteilung von Zusatzaufträgen gleich-

zeitig eine Produktauswahl vorzunehmen. Es genügt nicht, die einzelnen Erzeugnisse oder Aufträge nach ihren absoluten oder relativen Deckungsbeiträgen zu ordnen, die Deckungsbeiträge sind darüber hinaus auf den Engpass zu projizieren. Geschieht das nicht, können leicht die Erzeugnisse aus dem Programm geworfen werden, die zwar einen niedrigeren Deckungsbeitrag, aber den Vorzug haben, den Engpass gar nicht oder nur gering zu beanspruchen.
Besteht in einem Teilbereich der Fertigung oder des Absatzes ein Engpass und muss deshalb bei Durchführung eines Zusatzauftrages auf die Herstellung anderer Aufträge verzichtet werden, dann ist bei der Bestimmung der Preisuntergrenze der auf die Engpassbelastung entfallende Deckungsbeitrag der verdrängten Erzeugnisse zu berücksichtigen. Dabei wird die Engpassbelastung in Zeiteinheiten ausgedrückt.

$$\text{Preisuntergrenze des Auftrages} = \text{Grenzkosten} + \frac{\text{Deckungsbeitrag des verdrängten Erzeugnisses}}{\text{Engpassbelastung des verdrängten Erzeugnisses in Zeiteinheiten}} \times \text{Engpassbelastung des zusätzlichen Auftrages in Zeiteinheiten}$$

Die Grösse

$$\frac{\text{Deckungsbeitrag des verdrängten Erzeugnisses}}{\text{Engpassbelastung des verdrängten Erzeugnisses in Zeiteinheiten}} \times \text{Engpassbelastung des zusätzlichen Auftrages in Zeiteinheiten}$$

zeigt, welcher Deckungsbeitrag bei Ausführung des Zusatzauftrages verlorengeht, weil ein anderes Erzeugnis dann nicht hergestellt werden kann. Es ist klar, dass der Zusatzauftrag zur Verbesserung des Ergebnisses nur dann durchgeführt werden kann, wenn sein Erlös über den Grenzkosten und dem Deckungsbeitrag des verdrängten Erzeugnisses liegt.
Der Deckungsbeitrag des verdrängten Erzeugnisses, der entgangene Nutzen, wird auch als Opportunitätskosten bezeichnet. Opportunitätskosten haben mit den Kosten der Kostenrechnung nichts zu tun. Sie drücken lediglich – wie bereits ausgeführt – den Deckungsbeitrag aus, der nicht realisiert wird, weil der Zusatzauftrag die zu dem Deckungsbeitrag gehörigen Erzeugnisse aus dem Produktionsprogramm verdrängt.

Beispiel:
Die Grenzkosten je Stück des Zusatzauftrages betragen 20,– bei einer Maschinenlaufzeit von 12 Min./Stück. Bei Durchführung des Auftrages muss auf die Produktion anderer Erzeugnisse verzichtet werden, die je Stück mit einem Deckungsbeitrag von 5,– verbunden sind und 10 Minuten Maschinenlaufzeit im Engpass erfordern.

$$\text{Preisuntergrenze je Stück} = 20 + \frac{5}{10} \times 12 = 26,-$$

Die Opportunitätskosten betragen in diesem Fall 6,–/Stück.
Wenn Lieferverpflichtungen und Absatzpolitik zu keiner anderen Entscheidung zwingen, dann wird zur Gewinnmaximierung zunächst auf die Herstellung des Erzeugnisses mit dem niedrigsten Deckungsbeitrag je Engpasseinheit verzichtet. Müssen zur Durchführung des Auftrages verschiedene Erzeugnisse verdrängt werden, dann geht der Mittelwert aus den Deckungsbeiträgen je Engpasseinheit als Opportunitätskostensatz in die Rechnung ein.
Mit der Zahl der Engpässe und der Vielfalt des Produktionsprogrammes nimmt der Schwierigkeitsgrad der Rechnung zu. Bis zu einem gewissen Grad kann man sich durch das gezeigte Verfahren auch dann noch behelfen. Werden durch den Zusatzauftrag noch Preisbeeinflussungen hervorgerufen, verliert das Verfahren an Aussagekraft. Es ist dann nur noch möglich, mit Hilfe mathematischer Modelle unter Einsatz der EDV festzustellen, unter welchen Preisuntergrenzen die Hereinnahme eines Zusatzauftrages zur Verbesserung des Betriebsergebnisses beiträgt.

c) Berücksichtigung der Auftragsdauer

In den vorangegangenen Beispielen ist die Ermittlung der Preisuntergrenze für Zusatzaufträge zeitlich isoliert betrachtet worden. Das ist ausreichend, wenn ein Zusatzauftrag andere Erzeugnisse nicht verdrängt oder wenn sich bei Verdrängung anderer Erzeugnisse die zeitliche Auslastung der Kapazität durch den Zusatzauftrag mit der der verdrängten Erzeugnisse deckt. Ist das nicht der Fall, dann müssen die Deckungsbeiträge des Zusatzauftrages und der verdrängten Erzeugnisse unter dem Gesichtspunkt der künftigen Kapazitätsauslastung betrachtet werden.
Wenn die zeitliche Inanspruchnahme des Engpasses durch den Zusatzauftrag kürzer als die durch die verdrängten Erzeugnisse ist, dann erhöht sich die Preisuntergrenze des Zusatzauftrages um

den Deckungsbeitrag der verdrängten Erzeugnisse, bezogen auf diese Zeitdifferenz. Es ist natürlich auch der umgekehrte Fall möglich.

$$\text{Preisuntergrenze} = \text{Grenzkosten} + \frac{\text{Deckungsbeitrag des verdrängten Erzeugnisses}}{\text{Engpassbelastung des verdrängten Erzeugnisses}} \times \text{Engpassbelastung des zusätzlichen Erzeugnisses} \pm \frac{\dfrac{\text{Zeitdifferenz der Inanspruchnahme des Engpasses zwischen zusätzlichen und verdrängten Erzeugnissen}}{\text{Engpassbelastung des verdrängten Erzeugnisses}}}{\text{Zahl der zusätzlichen Erzeugnisse}} \times \text{Deckungsbeitrag des verdrängten Erzeugnisses}$$

Beispiel:
Die Grenzkosten je Stück eines Zusatzauftrages betragen 20,– bei einer Maschinenlaufzeit von 5 Minuten je Stück. Bei Durchführung des Auftrages muss auf die Herstellung anderer Erzeugnisse verzichtet werden mit einem Deckungsbeitrag von 4,– je Stück und einer Maschinenlaufzeit von 8 Minuten je Stück. Bei Annahme des Auftrages wird der Engpass 2 Monate ausgelastet, bei den verdrängten Erzeugnissen wäre eine dreimonatige Auslastung möglich. Die Kapazität des Engpasses beträgt 12000 Minuten im Monat.

$$\text{Preisuntergrenze} = 20 + \frac{4}{8} \cdot 5 + \frac{\dfrac{12000}{8}}{4800} \cdot 4 = 26{,}25$$

3. Preisuntergrenzen bei Veränderungen der vorhandenen Kapazität

Ist mittelfristig ein Absatzrückgang zu erwarten, steht der Betrieb vor der Frage, ob es sinnvoll ist, die Betriebsbereitschaft vorübergehend einzuschränken. Dadurch kann ein Teil der Fixkosten, wie Kosten für Instandhaltung und Leitungs- und Hilfspersonal, eingespart werden. Soll später wieder die ursprüngliche Betriebsbereitschaft hergestellt werden, entstehen zusätzliche Anlaufkosten.

Dazu gehören z. B. Ausschusskosten während des Anfahrbetriebes, Reparaturkosten durch Wiederingangsetzung stillgelegter Anlagen und Anlernkosten.
Verursacht die Durchführung eines Zusatzauftrages eine Ausweitung der bestehenden Kapazität, so entstehen zusätzliche fixe Kosten, wie z. B. durch An- und Abfahren einer sonst nicht genutzten Maschine oder Einführung einer zusätzlichen Schicht. Diese Kosten sind bei der Bestimmung der Preisuntergrenze zu berücksichtigen.

$$\text{Preisuntergrenze} = \text{Grenzkosten} + \text{zusätzliche Fixkosten}$$

Beispiel:
Für einen Zusatzauftrag über 100 Stück betragen die Grenzkosten je Stück 10,–; bei Durchführung des Auftrages entstehen zusätzliche Kosten durch die Umrüstung einer Maschine und die Beschaffung von Werkzeugen, die nur für diesen Auftrag verwendbar sind, von insgesamt 500,–.

$$\text{Preisuntergrenze je Stück} = 10 + \frac{500}{100} = 15,\text{–}$$

Wenn mit langfristiger Ausweitung des Absatzes gerechnet wird, sind meist Erweiterungsinvestitionen erforderlich. Zur Bestimmung der Preisuntergrenze muss der für die Absatzausweitung zu erwartende Deckungsbeitrag für die Nutzungszeit der zusätzlichen Anlagengüter die Investitionskosten, darauf entfallende Zinsen und zusätzliche Fixkosten (ohne Kapitaldienst) tragen.
Bei der Bestimmung der Preisuntergrenze für einen Auftrag, von dessen Durchführung oder Ablehnung der vorläufige Weiterbetrieb oder die teilweise Einschränkung der Betriebsbereitschaft abhängt, müssen die abbaufähigen Fixkosten zu den Grenzkosten geschlagen werden, während die Wiederanlaufkosten in Abzug zu bringen sind, weil sie bei Weiterbetrieb nicht anfallen.

$$\text{Preisuntergrenze} = \text{Grenzkosten} + \text{abbaufähige Fixkosten} \mathbin{/\!\!\!\cdot} \text{Wiederanlaufkosten}$$

Beispiel:
Bei Einschränkung der Betriebsbereitschaft entfallen monatlich 6000,– für Instandhaltung und Hilfspersonal. Soll später wieder

die volle Produktionskapazität zur Verfügung gestellt werden, ist dafür mit 4000,– Kosten zu rechnen. Die Einschränkung der Kapazität kann für 3 Monate vermieden werden, wenn ein Auftrag durchgeführt wird, dessen Grenzkosten 20000,– betragen.

Preisuntergrenze = 20000 + 6000 ./. 4000 = 22000

Ist die Betriebsbereitschaft bereits eingeschränkt worden, dann erhöht sich die Preisuntergrenze um die Wiederanlaufkosten. Sie beträgt dann im eben behandelten Beispiel:

Preisuntergrenze = 20000 + 6000 + 4000 = 30000

Im vorangehenden Beispiel war festgestellt worden, dass in dem Betriebsteil, für den eine Kapazitätseinschränkung in Betracht kam, nur ein Erzeugnis gefertigt wird. Werden verschiedene Erzeugnisse hergestellt, so lassen sich mit dieser Rechnung keine erzeugnisindividuellen Preisuntergrenzen ermitteln, weil die abbaufähigen Fixkosten von allen Erzeugnissen getragen werden müssen. Die volle Betriebsbereitschaft kann dann nur aufrechterhalten werden, wenn die Deckungsbeiträge aller Erzeugnisse eines Abrechnungszeitraumes grösser sind als die Differenz zwischen abbaufähigen Fixkosten und Wiederanlaufkosten. Es versteht sich von selbst, dass vom Ergebnis her gesehen jedes Erzeugnis ausgeschlossen werden muss, dessen Erlös nicht die zugehörigen Grenzkosten deckt.

F. Weitere Auswertungsmöglichkeiten der Deckungsbeitragsrechnung

I. Entscheidung über Eigenfertigung oder Fremdbezug

In fast allen Betrieben stellt sich immer wieder die Frage, ob es zweckmässig ist, bestimmte Güter und Leistungen selbst zu erstellen oder vom Markt zu beziehen. Am häufigsten tritt die Entscheidung über Eigenfertigung oder Fremdbezug im Beschaffungs- und Produktionsbereich auf. Es ist zu prüfen, ob es nicht zweckmässiger ist, bisher von aussen bezogene Einsatzstoffe oder Teile künftig selbst zu erstellen. Ist der Produktionsbereich überlastet, ist zu überlegen, ob Lohnarbeitsverträge vergeben werden sollen oder ob die Ausweitung der Kapazität zum besseren Ergebnis führt. Bei energieintensiven Produktionsprozessen stellt sich die Frage, ob es günstiger ist, Strom und Dampf von aussen zu beziehen oder selbst zu erzeugen.

Auch im Absatzbereich muss sich der Betrieb überlegen, ob es wirtschaftlicher ist, absatzwirtschaftliche Teilfunktionen, wie Marktforschung, Werbung, Kundenpflege, selbst wahrzunehmen oder von Dritten durchführen zu lassen.

Reicht die Kapazität für die Eigenfertigung bisher fremd bezogener Teile aus, dann geben die Grenzkosten bei Eigenfertigung die Höhe der Preisobergrenze für den Fremdbezug an. Der Fremdbezug ist dann also wirtschaftlich nur vertretbar, wenn der Preis für die Leistungen unter den Grenzkosten bei Eigenfertigung liegt.

Vergleiche zwischen den Vollkosten bei Eigenfertigung mit den Preisen des Fremdbezuges führen zu falschen Entscheidungen, wenn durch die Eigenfertigung keine Kapazitätserweiterung erforderlich ist. Das soll das folgende Beispiel verdeutlichen:

Die Vollkostenkalkulation für ein Bauteil, das zur Komplettierung eines Erzeugnisses benötigt wird, sieht wie folgt aus:

Kosten der Eigenfertigung des Teiles:

Fertigungsmaterial	12,–
Fertigungslohn	18,–
Fertigungsgemeinkosten (300 %, bezogen auf den Fertigungslohn)	54,–
Herstellkosten	84,–

Der Betrieb hat die Möglichkeit, dieses Teil für 70,– zuzukaufen. Beim Vergleich zwischen Zukaufspreis mit den vollen Herstellkosten bei Eigenfertigung sieht es so aus, als verbessere der Zukauf je Teil das Betriebsergebnis um 14,–.
Zu einer ganz anderen Einschätzung kommt man bei Vergleich des Zukaufpreises mit den Grenzkosten der Eigenfertigung. Fertigungsmaterial und Fertigungslohn sollen sich ausschliesslich proportional zur Leistung verhalten, während die proportionalen Fertigungsgemeinkosten vom Fertigungslohn nur 100 % ausmachen. Die Grenzkosten betragen danach 48,–. Bei ausreichender Kapazität ist die Eigenfertigung je Teil um 22,– billiger als der Fremdbezug.
Treten beim Übergang vom Fremdbezug zur Eigenfertigung Engpässe auf, dann bestimmt sich die Preisobergrenze für den Fremdbezug aus den Grenzkosten der Eigenfertigung und den Opportunitätskosten des Engpasses.[1]
Welche Überlegungen sind anzustellen, wenn vom Fremdbezug zur Eigenfertigung erst übergegangen werden kann, wenn investiert worden ist? In diesem Falle müssen die künftigen Grenzkosten und die durch die Kapazitätserweiterung entstehenden Fixkosten niedriger sein als der Zukaufpreis.
Ein metallverarbeitender Betrieb kauft ein Bauteil für 5,–/Stück zu. Der Bedarf für die nächsten 5 Jahre wird auf 30000 Stück im Jahr geschätzt. Eigenfertigung ist möglich bei Anschaffung einer Spezialmaschine. Die jährlichen Zinsen und Abschreibungen, bezogen auf 5 Jahre, betragen für diese Maschine 5000,–. Darüber hinaus ist mit zusätzlichen Kosten für Hilfspersonal und Betrieb der Ma-

[1] Vergleiche die analogen Beispiele zur Bestimmung der Preisuntergrenze für Zusatzaufträge.

schine von 37000,– jährlich zu rechnen. Die Grenzkosten je Stück wurden mit 2,– vorkalkuliert.

Kosten bei Eigenfertigung		Kosten bei Fremdbezug	
30000,– × 2,–	60000,–	30000,– × 5,–	150000,–
Erzeugnisfixkosten	42000,–		
	102000,–		

Grenzkosten und Erzeugnisfixkosten betragen bei einer Fertigung von 30000 Stück 3,40/Stück. Gegenüber Fremdbezug beträgt die Einsparung je Stück 1,60. Die jährliche Einsparung gegenüber dem Fremdbezug beläuft sich auf 48000,–.
Bevor man sich zur Kapazitätsausweitung entschliesst, ist zu prüfen, welche Möglichkeiten zur Senkung des Bezugspreises bestehen und welche Teilmengen mit Sicherheit in den nächsten Jahren benötigt werden.
Es war festgestellt worden, dass bei Eigenfertigung die Stückkosten unter Berücksichtigung der fixen Kosten 3,40 betragen. Das ist für den Einkäufer der Zielpreis bei Abnahme von 30000 Stück im Jahr. Die Eigenfertigung wird um so uninteressanter, je mehr es dem Einkäufer gelingt, den Zukaufpreis auf 3,40/Stück zu drücken.
In der Rechnung ist der jährliche Bedarf mit 30000 Stück angenommen worden. Welche Sicherheit beinhaltet diese Annahme? Wie viele Teile müssen nach der Investition mindestens hergestellt werden, damit bei Eigenfertigung das Ergebnis gegenüber Fremdbezug nicht ungünstiger wird?
Der Deckungsbeitrag ergibt sich als Differenz zwischen den wegfallenden Kosten des Fremdbezuges und den Grenzkosten bei Eigenfertigung.

Zukaufpreis je Stück	5,–
⁒ Grenzkosten bei Eigenfertigung	2,–
Deckungsbeitrag	3,–

Werden die Fixkosten, die bei Eigenfertigung zusätzlich entstehen, durch den eben ermittelten Deckungsbeitrag dividiert, erhält man die Stückzahl, die mindestens gefertigt werden muss, damit das Ergebnis bei Eigenfertigung gegenüber Fremdbezug nicht schlechter wird.

$$\frac{\text{Fixkosten}}{\text{Deckungsbeitrag pro Stück}} = \frac{42\,000}{3} = 14\,000 \text{ Stück/Tag}$$

II. Bestimmung gewinnmaximaler Fertigungsprogramme

Bei der Auswertung der Grenzkostenerfolgsrechnung nach Artikeln (siehe S. 67 ff.) war bereits darauf hingewiesen worden, dass zur Erhöhung des Deckungsbeitrages auch die Kapazitätsbeschränkungen zu berücksichtigen sind. Das folgende Beispiel soll zeigen, welche Überlegungen anzustellen sind, um bei wechselnden Produktions- und Absatzmöglichkeiten mit Hilfe der Dekkungsbeitragsrechnung zu gewinnmaximalen Produktionsprogrammen zu gelangen.

In einem Betriebsbereich wird die Erzeugnisgruppe B, die 5 Erzeugnisse umfasst, gefertigt. Die folgende Tabelle zeigt in verkürzter Form die Deckungsbeitragsrechnung für einen Monat.

Deckungsbeitragsrechnung für die Erzeugnisgruppe B

Erzeugnis Gruppe	Erzeugnis Nr.	Erlös je kg	Grenzkosten je kg	Deckungsbeitrag je kg	Absatz in kg	Deckungsbeitrag	Rangfolge ohne Engpass
1	2	3	4	5	6	7	8
B	1	30,–	15,–	15,–	500	7 500,–	2
B	2	40,–	17,–	23,–	1600	36 800,–	1
B	3	25,–	12,–	13,–	3000	39 000,–	3
B	4	20,–	11,–	9,–	4000	36 000,–	5
B	5	22,–	12,–	10,–	8400	84 000,–	4
						203 300,–	

Mit welchem Erzeugnis wird der grösste Deckungsbeitrag erzielt? Je Erzeugniseinheit wird mit Erzeugnis 2 mit 23,– je kg der grösste Deckungsbeitrag und mit Erzeugnis 4 mit 9,– je kg der niedrig-

ste Deckungsbeitrag erreicht. In Spalte 8 der Tabelle ist die Rangfolge der Deckungsbeiträge dargestellt. Wenn der Absatz nicht begrenzt ist, sollte aus dieser Sicht zur Gewinnmaximierung soviel wie möglich von Erzeugnis 1 produziert werden.
Bei dieser Entscheidung ist unterstellt worden, dass von jedem Erzeugnis gleich viel produziert werden kann.
Bei einem gegebenen Stand der Kapazitäten sind die Produktionsmöglichkeiten verschiedener Erzeugnisse oft unterschiedlich.
Die dem Beispiel zugrunde liegenden Produktionsmöglichkeiten bei den einzelnen Erzeugnissen sind aus der Tabelle auf S. 114 ersichtlich.
Die Produktionsmöglichkeiten je Tag sind in der Tabelle in Spalte 4 aufgeführt. Vom Erzeugnis 5 kann die grösste Menge hergestellt werden, den geringsten Produktionsausstoss gibt es bei der Fertigung des Erzeugnisses 2.
Nimmt der Markt unter Berücksichtigung der Produktionsmöglichkeiten beliebig viele Erzeugnisse auf, empfiehlt sich die Herstellung der Erzeugnisse mit dem höchsten Deckungsbeitrag/Zeiteinheit. Im Beispiel ist es das Erzeugnis 5. Wird es ausschliesslich gefertigt, können von ihm täglich 1200 kg hergestellt werden. Damit ist ein Deckungsbeitrag von 12000,– möglich.
Der Deckungsbeitrag je Produktionstag bei voller Ausschöpfung der Produktionsmöglichkeit je Produkt ist in Spalte 5 aufgeführt (Spalte 3 × Spalte 4 = Spalte 5).
In vielen Fällen ist die Kennzahl «Produktionsmöglichkeit je Tag in kg» eine sehr anschauliche Grösse. Das gleiche gilt für den Dekkungsbeitrag je Tag. Für Dispositionszwecke wird dagegen häufig mit kleineren Zeiteinheiten gerechnet.
In Spalte 6 der Tabelle auf S. 114 ist die je kg Produkt erforderliche Produktionszeit in Minuten aufgeführt. Je Produktionstag kann die Anlage 600 Minuten eingesetzt werden. 600 dividiert durch die Produktionsmöglichkeit je Tag in kg (Spalte 4) ergibt die Produktionszeit in Minuten je kg (Spalte 6). Produktionswechselzeiten blieben aus Vereinfachungsgründen unberücksichtigt.

Deckungsbeiträge und Produktionsmöglichkeiten für die Erzeugnisgruppe B

Erzeugnis Gruppe	Erzeugnis Nr.	Deckungsbeitrag je kg	Produktionsmöglichkeit je Tag in kg	Deckungsbeitrag je Tag bei voller Auslastung (Sp. 3 × Sp. 4)	Produktionszeit/Mengeneinheit Min./kg	Deckungsbeitrag je Min. (Sp. 3 × Sp. 6)	Rangfolge ohne Engpass	Rangfolge bei Engpass
1	2	3	4	5	6	7	8	9
B	1	15,–	500	7500,–	1,2	12,50	2	4
B	2	23,–	400	9200,–	1,5	15,33	1	2
B	3	13,–	500	6500,–	1,2	10,83	3	5
B	4	9,–	1000	9000,–	0,6	15,00	5	3
B	5	10,–	1200	12000,–	0,5	20,00	4	1

In Spalte 7 ist der Deckungsbeitrag gezeigt, der je Zeiteinheit je Erzeugnis bei voller Ausnutzung der Produktionsmöglichkeit erreicht werden kann. Er ergibt sich durch Multiplikation von Dekkungsbeitrag je kg (Spalte 3) mit der Produktionszeit in Minuten je kg (Spalte 6).
Spalte 9 zeigt die Rangfolge der Deckungsbeiträge unter Berücksichtigung der Produktionsmöglichkeiten, die sowohl aus Spalte 4 als auch aus Spalte 7 abgeleitet werden kann.
Können wegen beschränkter Produktionsmöglichkeiten nicht alle Absatzmöglichkeiten wahrgenommen werden, dann gilt für die Produktauswahl die Rangfolge der Spalte 9. Sind dagegen die Produktionsmöglichkeiten grösser als die Absatzmöglichkeiten, dann gilt für die Produktauswahl zur Gewinnmaximierung die Rangfolge der Spalte 8.
Es wird unterstellt, dass die Produktionsmöglichkeiten geringer als die Absatzmöglichkeiten sind. In diesem Falle werden zunächst alle Absatzmöglichkeiten für das Erzeugnis 5 wahrgenommen, weil es in der Rangfolge bei Engpass an erster Stelle steht. Dann werden alle Absatzmöglichkeiten für Erzeugnis 2 ausgeschöpft usw.
Für den kommenden Monat hat die Verkaufsleitung die Absatzhöchstmengen, unterteilt nach Erzeugnissen, ermittelt, die in der folgenden Tabelle in Spalte 3 aufgeführt sind.

Bestimmung des gewinnmaximalen Fertigungsprogramms für die Erzeugnisgruppe B

Erzeugnis Gruppe	Erzeugnis Nr.	Absatz-höchst-menge in kg	Deckungs-beitrag je kg	Deckungs-beitrag	Kapazität Min./kg	Kapazität Min. f. Absatz-höchstmenge (Sp. 3 × Sp. 6)	Kapazität Min./kumu-liert
1	2	3	4	5	6	7	8
B	5	10800	10,–	108000,–	0,5	5400	5400
B	2	2000	23,–	46000,–	1,5	3000	8400
B	4	4000	9,–	36000,–	0,6	2400	10800
B	1	2000	15,–	30000,–	1,2	2400	13200
B	3	4000	13,–		1,2		
				220000,–			

Da die Absatzmöglichkeiten die Produktionsmöglichkeiten übersteigen, sind die Erzeugnisse in der Tabelle in der Rangfolge nach Deckungsbeiträgen bei Engpass (siehe Tabelle auf S. 114, Spalte 9) angeordnet worden. Im Betrachtungszeitraum steht der Eng-

pass in der Produktionsanlage für die Erzeugnisgruppe B 13200 Minuten zur Verfügung. An erster Stelle steht das Produkt B 5. Wenn es gelingt, die Absatzhöchstmenge von 10800 kg (Spalte 3) für dieses Erzeugnis zu erreichen, wird ein Deckungsbeitrag von 108000,– (Spalte 5) erreicht. Dafür wird der Engpass in der Produktion 10800 (Spalte 3) × 0,5 Min. (Spalte 6) = 5400 Min. (Spalte 7) beansprucht. Entsprechende Rechnungen sind auch für die anderen Erzeugnisse angestellt worden.
Die gegebenen Produktionsmöglichkeiten reichen nur zur Wahrnehmung der Absatzmöglichkeiten für die Erzeugnisse 5, 2, 4 und 1 aus. Mit der Herstellung dieser Erzeugnisse ist die Kapazität des Engpasses voll ausgelastet. Das Erzeugnis B 3 scheidet aus dem Produktionsprogramm aus, weil sein Deckungsbeitrag je Zeiteinheit niedriger ist als die entsprechenden Deckungsbeiträge aller vorhergehenden Erzeugnisse.
Kapazitätsengpässe können in mehreren Produktionsstufen auftreten. Für die Herstellung der Erzeugnisse der Gruppe B wird mit Ausnahme für das Erzeugnis B 3 das Erzeugnis A aus dem vorgelagerten Produktionsbereich eingesetzt. Das Erzeugnis A dient nicht nur zur Weiterverarbeitung, sondern wird auch abgesetzt. Der Deckungsbeitrag je kg beträgt 120,–.
Reicht die zur Verfügung stehende Erzeugnismenge A für Absatz und Weiterverarbeitung nicht aus, ist zu prüfen, welcher Verwendungszweck mit dem grösseren Deckungsbeitrag verbunden ist.
In der folgenden Tabelle sind die Deckungsbeiträge der Erzeugnisse der Gruppe B auf den für ihre Herstellung erforderlichen Bedarf des Erzeugnisses A projiziert worden.

Tabelle der Deckungsbeiträge

Erzeugnis Gruppe	Erzeugnis Nr.	Deckungsbeitrag/kg	Produktion in kg/kg A	Deckungsbeitrag/kg A	Rangfolge mit Engpass A
1	2	3	4	5	6
B	1	15,–	14	210,–	3
B	2	23,–	8	104,–	5
B	3	13,–	–	–	1
B	4	9,–	25	225,–	2
B	5	10,–	20	200,–	4

Mit Einsatz 1 kg A lassen sich 14 kg des Erzeugnisses B 1 gewinnen. 14 kg des Erzeugnisses B 1 bringen einen Deckungsbeitrag von 210,–. Reicht die zur Verfügung stehende Menge an Erzeugnis A für Verkauf und Weiterverarbeitung nicht aus, dann ist es besser, wenn auf den Verkauf verzichtet und dafür die Produktion des Erzeugnisses B 1 ermöglicht wird, denn bezogen auf 1 kg des Produktes A werden beim Verkauf 120,– Deckungsbeitrag erwirtschaftet, bei Verkauf nach vorheriger Weiterverarbeitung zu dem Erzeugnis B 1 aber 210,– Deckungsbeitrag (Spalte 5).
Anders verhält es sich bei dem Erzeugnis B 2. Bezogen auf das kg A liegt der Deckungsbeitrag mit 104,– (Spalte 5) unter dem Deckungsbeitrag, der bei direktem Verkauf des Erzeugnisses A je kg erzielt wird. Wenn man vom Absatz her frei ist, wird bei Verknappung des Erzeugnisses A die Produktion des Erzeugnisses B 2 erst aufgenommen, wenn alle Absatzmöglichkeiten für A ausgeschöpft worden sind.
Für die Gewinnung des Erzeugnisses B 3 ist kein A-Einsatz erforderlich. Bei Verknappung des Erzeugnisses A bietet sich deshalb als erstes die Forcierung von B 3 an, weil dann das knappe Erzeugnis A voll abgesetzt werden kann.
Liegen die Verhältnisse so einfach wie in diesem Beispiel dargestellt, lassen sich gewinnmaximale Fertigungsprogramme meist durch mehrere Probierrechnungen ermitteln. Meist ist es jedoch bei Vorliegen mehrerer Engpässe nur möglich, die gewinngünstigste Zusammensetzung mit Hilfe mathematischer Methoden unter Einsatz der EDV zu bestimmen.

III. Bestimmung des kostengünstigsten Fertigungsverfahrens

Wenn dasselbe Erzeugnis auf mehreren Maschinen gefertigt werden kann, dann ist zur Erhöhung des Deckungsbeitrages festzustellen, auf welchen Maschinen die Fertigung mit den niedrigsten Grenzkosten erfolgen kann.
Zur Bestimmung des kostengünstigsten Verfahrens ist zunächst der Maschinen- und Arbeitszeitaufwand der gegebenen Möglich-

keiten für die zu bearbeitenden Erzeugnisse festzustellen. Dann sind die Zeiten mit den Grenzkosten je Zeiteinheit zu bewerten. Decken sich Arbeits- und Maschinenlaufzeit je Arbeitsgang, können beide in einem Kostensatz vereint werden.

Beispiel:
4 Teile können sowohl auf Drehmaschinen als auch auf Drehautomaten bearbeitet werden. Dabei sind folgende Arbeitszeiten in Minuten je Stück erforderlich:

	T 1	T 2	T 3	T 4
Drehmaschine	26	18	10	6
Drehautomat	6	5	4	3

Je Minute Arbeits- und Maschinenlaufzeit entstehen folgende Grenzkosten:

	Drehmaschine	Drehautomat
Fertigungslohn	0,12	0,14
Maschinenkosten	0,07	0,26
Kosten je Min. Arbeits- und Maschinenlaufzeit	0,19	0,40

Für die Bearbeitung der Teile ist danach mit folgenden Grenzkosten je Stück zu rechnen:

	T 1	T 2	T 3	T 4
Drehmaschine	4,94	3,42	1,90	1,14
Drehautomat	2,40	2,00	1,60	1,20

Danach empfiehlt es sich, die Teile 1, 2 und 3 auf dem Drehautomaten, das Teil 4 dagegen auf der Drehmaschine zu fertigen.

Wenn im vorliegenden Beispiel mit Vollkosten und nach der traditionellen Zuschlagskalkulation gerechnet wird, ergeben sich bei einem Fertigungsgemeinkostenzuschlag von 400 % folgende Bearbeitungskosten je Stück:

	T 1	T 2	T 3	T 4
Drehmaschine 0,12 + 400 % = 0,60 DM/Min.	15,60	10,80	6,00	3,60
Drehautomat 0,14 + 400 % = 0,70 DM/Min.	4,20	3,50	2,80	2,10

Dieses völlig andere und den tatsächlichen Gegebenheiten nicht gerecht werdende Ergebnis, wonach in jedem Fall der Einsatz des Drehautomaten günstiger ist, kommt dadurch zustande, dass die fixen und proportionalen maschinenabhängigen Kosten nur auf den Fertigungslohn bezogen werden. Abrechnungsgemäss tragen dadurch die auf Drehmaschinen gefertigten Erzeugnisse auch Teile der Fertigungsgemeinkosten, die durch den Drehautomaten verursacht werden.
Liegen die kostengünstigsten Verfahren je Stück fest, so ist zu prüfen, wie die Wahl unter Berücksichtigung der losbezogenen Kosten zu treffen ist, wenn das Verfahren mit den niedrigsten stückbezogenen Kosten mit höheren losbezogenen Kosten verbunden ist. Bei dieser Rechnung ist die kritische Stückzahl zu ermitteln, die angibt, wieviel Stück bei dem Verfahren mit den niedrigeren Stückkosten mindestens herzustellen sind, um die höheren losbezogenen Kosten zu decken:

$$\text{Kritische Stückzahl} = \frac{\text{losbezogene Mehrkosten}}{\text{stückbezogene Minderkosten}}$$

Die Rechnung im vorhergehenden Beispiel ergab, dass die Teile 1, 2 und 3 mit niedrigeren Stückkosten auf dem Drehautomaten gefertigt werden können. Die losbezogenen Kosten auf dem Drehautomaten sind höher als die auf der Drehmaschine. Vorbereitungs- und Abschlusszeit je Los sollen bei der Drehmaschine 4 Min. betragen, während es für den Drehautomaten 70 Min. sind. Es wird unterstellt, dass die Lohn- und Maschinenkosten je Minute für Vorbereitungs- und Abschlusszeit und für die eigentliche Bearbeitungszeit als gleich hoch angenommen werden können. Für die Rechnung sind folgende Daten erforderlich:

	Variante 1 Drehmaschine	Variante 2 Drehautomat
Lohn- und Maschinenkosten/Min.	0,19	0,40
losbezogene Zeit in Min.	4	70
losbezogene Kosten (K_L)	0,76	28,00
stückbezogene Kosten (K_s)		
Teil 1	4,94	2,40
Teil 2	3,42	2,00
Teil 3	1,90	1,60

Für die Teile 1 und 2 lassen sich folgende kritische Stückzahlen ermitteln:

Teil 1: $$\frac{K_{L_2} - K_{L_1}}{K_{S_1} - K_{S_2}} = \frac{28{,}00 - 0{,}76}{2{,}40 - 4{,}94} = 10{,}7$$

Teil 2: $$\frac{28{,}00 - 0{,}76}{2{,}00 - 3{,}42} = 19{,}2$$

Teil 3: $$\frac{28{,}00 - 0{,}76}{1{,}60 - 1{,}90} = 90{,}8$$

Für Teil 1 lohnt sich also der Einsatz des Drehautomaten erst, wenn die Losgrösse über 11 Stück liegt, von Teil 2 müssen je Los mindestens 20 Stück und von Teil 3 mindestens 91 Stück gefertigt werden.

Schlussbemerkungen

Jahrzehnte lang wurde in der Wirtschaft fast ausschliesslich die Vollkostenrechnung praktiziert, bei der alle angefallenen Kosten proportionalisiert den Erzeugnissen zugeteilt werden. Die Ergebnisrechnung erfolgt nach der Formel Erlös ./. Vollkosten = Gewinn. Die Abrechnungsergebnisse der Vollkostenrechnung erwecken den Eindruck, als seien alle auf die Erzeugnisse verrechneten Kosten auch durch die Erzeugnisse verursacht worden und als würden bei Änderung der Produktionsleistung sich auch die gesamten Kosten des Betriebes entsprechend verändern.
Dieser prinzipielle Mangel lässt sich beseitigen, wenn in der Kostenrechnung eine Trennung der Kosten nach fixen und proportionalen Bestandteilen hinsichtlich ihres Verhaltens zu Änderungen der Produktions- und Absatzleistung vorgenommen wird. Erst die Spaltung der Vollkosten in Grenz- und Fixkosten ermöglicht eine verursachungsgerechte Verrechnung der Kosten und den Ausbau der Kostenrechnung zu einem Führungsinstrument des Unternehmens. Für die einzelnen Erzeugnisse erfolgt die Ergebnisrechnung nach der Formel Erlös ./. Grenzkosten = Deckungsbeitrag. Vom Gesamtdeckungsbeitrag aller Erzeugnisse werden die dazu gehörigen Fixkosten abgesetzt. Erst nach dieser Rechnung liegt das Ergebnis vor. Die für kurzfristige Entscheidungen wichtigste Grösse in dieser Rechnung ist der Deckungsbeitrag, der zeigt, welchen Einfluss inner- und ausserbetriebliche Massnahmen auf das Ergebnis haben.
Der Aufbau einer zuverlässigen und aussagekräftigen Deckungsbeitragsrechnung erstreckt sich meist über mehrere Jahre. Die Einführungsdauer hängt vor allem von der Zahl der Kostenstellen und Kostenträger, vom Mechanisierungsgrad der Abrechnung, von der Zahl der mit der Einführung betrauten Mitarbeiter und von der Überzeugung der Führungskräfte des gesamten Unternehmens von der Zweckmässigkeit der Deckungsbeitragsrechnung ab.
Die Vorteile der Deckungsbeitragsrechnung sind so gross, dass die Unternehmen bemüht sind, sie baldmöglichst zu nutzen. Deshalb wird meist mit provisorischen Deckungsbeitragsrechnungen für Teile des Unternehmens begonnen. So lassen sich schon viele wichtige Fragen zur Leitung des Unternehmens beantworten. Die

mit den provisorischen Rechnungen gesammelten Erfahrungen werden für den weiteren Ausbau und die Perfektionierung der Deckungsbeitragsrechnung genutzt.

Notizen

Notizen

Die SKV-Taschenbuchreihe

SKV 1 Victor Scheitlin: **Meisterhaft telefonieren**
Alles Wissenswerte über Telefonverkauf und -beratung

SKV 2 Hans Klaus: **Auch Sie können gewinnen!**
– an der Börse – mit Wertpapieren

SKV 3 Victor Scheitlin: **Stehenbleiben, hersehen!**
Verkauf und Demonstration an Ausstellungen

SKV 4 Wolfgang Graf:
Geschicktes Mahnen ist dankbar
– denn es bringt etwas ein

SKV 5 Edmund Jacobsen: **Lassen Sie sich Zeit!**
Das Geheimnis der Entspannung

SKV 6 Lassor Blumenthal: **Verkaufskanonen**
berichten über ihre Erfolge und geben nützliche Tips

SKV 7 Gottfried Weilenmann: **Die zweckmässige Kartei**
– wichtigste Nebensächlichkeit im Betrieb

SKV 8 Karl Wagner: **Reden ist immerhin Silber**
Sprechtechnik und Rhetorik

SKV 9 Chester Burger: **Selbstbewusstsein ist alles**
Wie kann ich im Betrieb erfolgreich sein?

SKV 10 Meinecke Hermann: **Einkaufen und Einkaufen**
sind zwei paar Stiefel. So kauft man ein

SKV 11 Eleonore von Planta: **Der wirksame Werbetext**
schafft Goodwill und verkauft

SKV 12 James F. Bender: **Hohe Schule des Verkaufens**
Die Macht der Überzeugung

SKV 13 Gottfried Weilenmann: **Gewandtheit gewinnt!**
Wirksame Verhandlungstaktik und Konferenztechnik

SKV 14 Heinrich Gassmann: **Protokollführung im Betrieb**
Wahr – knapp – klar

SKV 15 Victor Scheitlin:
Betriebsklima und moderne Führungspraxis
Kampf den Reibungsflächen im Betrieb

SKV 16 Heinrich Gassmann: **Briefe an das Personal**
Gewinnen – führen – entlassen

SKV 17 Auren Uris: **Der Weg nach oben**
Durchbruch zur leitenden Position

SKV 18 Fritz Wolff: **Das ist Datenverarbeitung**
Aufbau und Einsatz von Computern

SKV 19 Gottfried Weilenmann:
Produktive Textverarbeitung
Pille gegen die Personalknappheit im Büro

SKV 20 Walter Winkler: **Lerne schneller, behalte länger!**
Methodik und Praxis der geistigen Arbeit

SKV 21 Dr. Rolf E. Müller:
Betriebsklima und Betriebserfolg
Praktische Psychologie der zwischenmenschlichen Beziehungen

SKV 22 Gottfried Weilenmann: **Arbeitstechnik im Büro**
Wege zum persönlichen Leistungserfolg

SKV 23 Rudolf Känzig: **Schneller lesen – mehr behalten!**
Anleitung für rationelles Lesen

SKV 24 Dr. Erich Schmid: **Wie funktioniert die Wirtschaft?**
Eine leichtverständliche Darstellung

SKV 25 Karl Stefanic: **Schnell und richtig entscheiden**
Die Technik der Entscheidungsbildung

SKV 26 Victor Scheitlin: **Der tüchtige Vorgesetzte**
Führungsausbildung im modernen Betrieb

SKV 27 Eleonore von Planta: **So schreibt man Werbebriefe**
– einfach und überzeugend

SKV 28 Gottfried Weilenmann:
Der Chef und seine Sekretärin
Wege zur erfolgreichen Zusammenarbeit

SKV 29 Gottfried Weilenmann
Instruieren will gelernt sein!
Wie kann ich mein Können und Wissen weitergeben?

SKV 30 Heinrich Gassmann: **Briefe an die Kundschaft**
Gewinnen – versöhnen – benachrichtigen

SKV 31 Harry H. Holzheu
Systematischer verkaufen – Impulse zur langfristigen Sicherstellung des Erfolges im Aussendienst

SKV 32 Dr. Anton Amrein
Wie funktionieren Unternehmung und Betrieb? – Grundriss der Betriebswirtschaftslehre

SKV 33 Patrick Hellmann
Wie verärgere ich meine Mitarbeiter? – Die Kunst, Mitarbeiter falsch zu behandeln

SKV 34 Dr. Rolf Müller
Menschenkenntnis im Betrieb – Das psychologische Instrumentarium des Vorgesetzten

SKV 35 Karl Stefanic
Betriebswirtschaftliche Grundsätze der Unternehmensführung – Worauf es bei der Chefarbeit ankommt

SKV 36 Dr. A. Hunziker / Dr. F. Scheerer
Betriebe brauchen Betriebsstatistik – Einführung in die statistischen Methoden

SKV 37 Dr. Günther Riedel
Der Weg zur Deckungsbeitragsrechnung – Praxisnah und leicht verständlich

SKV 38 Eberhard Gau
Managementpraxis und -methoden – Eine Anleitung für den Praktiker

SKV 39 Dr. Werner Kresse
Die Kunst, Bilanzen zu lesen – Anleitung zur treffsicheren Bilanzbeurteilung

SKV 40 Heinz Zbinden
Betriebsorganisation für jedermann –Aufgabengliederung und Arbeitsabläufe rationell gestaltet

Die Reihe wird fortgesetzt.

SKV 31–40 erscheinen im Laufe des Jahres 1973.
Jeder Band umfasst ca. 120 Seiten mit vierfarbigem Umschlag und kostet Fr. 6.–.
Preisänderungen vorbehalten.

Verlag des Schweizerischen Kaufmännischen Vereins, Zürich